徳川家が見た幕末維新

徳川宗英

文春新書

741

徳川家が見た幕末維新　目次

編集協力・メディアプレス
竹内恵子

プロローグ

徳川幕府崩壊の序曲

「徳川家にとって最大の仇はペリーではないか」

以前、知人からこう言われたことがある。

ペリー提督が黒船でやってこなければ、徳川の天下はあと百年は続いたはずだと。

それはないだろう。

嘉永六年（一八五三）六月三日夕刻、マシュー・ペリー提督率いるアメリカ東インド艦隊の軍艦四隻が神奈川の浦賀沖にあらわれ、日本は長い太平の眠りを破られた――といわれるが、じつはペリー来航の二十年ほど前におきた天保の大飢饉（一八三三～三七年）のころから、すでに幕府の屋台骨は大きく揺らいでいた。

冷害と風水害などで凶作が続いた農村は荒廃し、幕府や諸藩の財政は逼迫した。

大坂町奉行所の与力で陽明学者の大塩平八郎は、飢えに苦しむひとびとを救うため門弟らとともに武装蜂起し、幕府に大きな衝撃を与えた。

大塩の乱はわずか半日で鎮圧されたが、各地では一揆や打ちこわしが頻発。老中・水野忠邦が推し進めた天保の改革も、飢饉があまりにも長く続いたこともあり成果が得られなかった。

一方、諸藩では有用な人材を登用して財政再建に必死で取り組んだ。なかでも薩摩・長州・土佐・肥前は、藩政改革を成功させて軍事力の強化を図った。これらの藩はいずれも外様で、本来は中央の政治に参加できなかったが、やがて西南雄藩として幕末の政局に登場し、強い発言力をもつことになる。

年貢収入を主財源としていた幕藩体制は、天保期には行き詰っていた。幕府は経済的に早晩、瓦解する運命にあったといえる。

そこに襲ったのが列強の来航という大嵐だったのである。

二百六十余年続いた徳川幕府は、ペリー来航からわずか十五年で倒れた。

天下分け目の関ヶ原で家康が勝利してから、大坂夏の陣で豊臣氏を攻め滅ぼすまでも約十五年だった。歴史の偶然である。

幕末の十五年間の変化はめまぐるしく、将軍は十二代家慶から家定、家茂、慶喜と四人も変わった。

慶喜が大政を奉還してから江戸城の無血開城までは、たった六ヵ月だ。

この六ヵ月間の政変を「革命」と呼ぶひともいる。

フランス革命では、ナポレオンが頭領となって国が治まるまでに二十年もかかり、ルイ十六世をはじめとする多くの王侯貴族が殺された。

一方、日本では、「賊軍」とされた藩の藩主たちは一人も殺されず、新政府軍に最後まで抵抗した東北雄藩の大名でさえ明治になると爵位をもらい、華族に列せられた。

戊辰戦争で朝敵とされた慶喜も、のちに勲一等従一位公爵の身分を与えられている。

こんなことは、世界の歴史を見てもまれだろう。

浮かばれないのは、テロのとばっちりで命を落とした無辜《むこ》の市民と、戊辰戦争で戦死した佐幕派の諸藩士だ。とりわけ「賊軍」として死んでいった武士たちは、明治政府をはばかって、なかなか弔ってもらえなかった。

幕末維新で流された血はわずかで、徳川から天皇への権力交代は平和裏に行われたという見方もあるが、その陰に多くの犠牲があったことを忘れてはならない。

無血開城に立ち会った田安家の当主

八代将軍吉宗は、徳川将軍家の存続のために、田安、一橋、清水の三家（三卿という）を新たに創設した。

田安家の初代当主は吉宗の次男・宗武《むねたけ》で、わたしは宗武から数えて十一代目にあたる。ちなみに、寛政の改革で知られる松平定信は宗武の三男で、田安家から奥州松平家に養子に入り、白河藩主から老中首座に昇った。

三卿の屋敷は江戸城内におかれた。尾張・紀伊・水戸の御三家と違うところは、将軍家のごく近い親族として遇されたことだろう。そのため、将軍に世子（あとつぎ）がない場合は将軍職に推されやすかった。

十一代家斉《いえなり》は一橋家の出身だったし、慶喜は御三家の水戸家から一橋家に養子に入ったのちに将軍になった。

慶喜のあと徳川宗家を継いだ家達《いえさと》は元田安家第七代当主で、わたしの大伯父にあたる。当時、田安亀之助といい、わずか六歳の田安家当主として江戸城の無血開城に立ち会った。

わたしと慶喜の血のつながりはたいへん薄いのだが、とても身近な存在に感じている。

田安家九代当主の徳川達孝《さとたか》（わたしの祖父で家達の弟）が結婚したのが、慶喜の長女の鏡子だったからだ。

慶喜はこの長女をたいそう可愛がっていたらしく、結婚後に鏡子が送ったたくさんの手紙を大切に保存していた。それらはいま、千葉県松戸市の戸定《とじよう》歴史館に保管されている。戸定歴史館の横にある「戸定邸」は、慶喜の実弟で水戸家をついだ徳川昭武の別邸で、慶喜もときおり訪れたという。

鏡子は十四歳で達孝と結婚し、四人の女の子をもうけたのち二十一歳という若さで亡くなったが、さいわい四人の女の子はみな丈夫に育った。

子供のころ、わたしはこの伯母さんにあたる方々によくお目にかかり、親切にしていただいた。

末っ子の繡子《ぬいこ》は水戸の分家の徳川武定に嫁ぎ、戸定邸に住んでいた。夫の武定は海軍中将で、潜水艦設計の権威だった。

終戦後も、わたしはたびたび戸定邸に遊びに行き、繡子さんの庭でイチゴ摘みをさせていただいたこともある。

徳川幕府の幕引き役をした慶喜は、旧幕臣から恨まれて悪くいわれることもあったが、孫にあたる娘さんはみな人柄がよかったから、慶喜も本当はよいひとだったと信じている。

それぞれが描いた日本の近未来図

幕末維新をテーマにした映画やドラマでは、徳川方の人間はなんとなく影が薄い。時代の変化についていけない幕閣・幕臣ばかりで、優秀な人材は勝海舟ぐらいしかいなかった、といわれてしまうこともある。

だが、幕府には、新たな日本の国づくりを真剣に考えていたひともたくさんいた。ヨーロッパの政治制度を参考に、新たな徳川政権を樹立しようとした慶喜しかり。平和裏に国を開くために、広く庶民からも意見を求めた阿部正弘しかり。ロシアとの条約交渉で活躍した川路聖謨《としあきら》というひとは、聡明なうえに卓抜したユーモアのセンスの持ち主で、ロシアのプチャーチン提督も舌を巻くほどだった。

日本が列強の植民地にならず、比較的スムーズに近代国家へと生まれ変わることができたのは、幕府の力によるところも大きかったのだ。

そうした視点から幕末維新を見直してみようというのが、この本である。

もとより、徳川の言い分だけ述べようというのではない。一つの思想や派閥に肩入れできれば、むしろ気持ちがすっきりするのだろうが、そうもいかないのだ。

というのも、わたしのからだのなかには徳川の血だけではなく、勤王も、佐幕も、開国派も、攘夷派も、すべての血が混じり合っているからである。

たとえば、先に紹介したわたしの祖父の達孝は、幕末きっての開明派・島津斉彬《なりあきら》の孫娘にあたる知子と再婚した。

達孝と知子のあいだに生まれた息子の達成《さとなり》が、わたしの父である。つまりわたしは、徳川幕府を倒した薩摩方の血も受け継いでいる。

わたしの家の仏壇には、祖母と同じ島津家出身で、十三代将軍家定の正室だった天璋院（篤姫）の位牌が、田安家代々の先祖の位牌と並んでお祀りしてある。

天璋院の位牌は、総黒漆塗りの小さな厨子の中に納められている。

観音開きの厨子の扉には、左に牡丹紋、右に徳川家の葵紋が金箔で押してある。牡丹紋は、篤姫が家定に嫁ぐ際に養女に入った近衛家の家紋で、「近衛牡丹」と呼ばれるが、島津家も㊉紋のほかに牡丹紋も使用した。

厨子のなかには朱色の帷《とばり》がおりていて、それを開けると台座の上に、

「天璋院従三位敬順貞静大姉」

と戒名が記された小さな位牌が載っている。

祖母は、太平洋戦争の戦火を避けて疎開したとき、田安家歴代当主の名を書いた位牌とともに、天璋院の位牌を納めた厨子をかたときも離さずに守り抜いた。

江戸に官軍が迫ったとき、天璋院はかつての家来だった西郷隆盛にはたらきかけ、命がけで徳川家の存続に尽くしてくれた。その御恩を、祖母はずっと忘れなかったのである。

一方、わたしの母は大垣藩主だった戸田家の出身だ。

久里浜でペリーからフィルモア大統領の国書を受けとった浦賀奉行の戸田氏栄《うじよし》は、戸田家の分家のひとだった。

「どでかい額に叡智をあらわし、端麗な容貌にはどこか愛嬌があった」

と、アメリカ側の記録に記されている。

ペリー艦隊が再来したときも、氏栄は全権の一人として日米和親条約の締結に努めた。

曾祖父の戸田氏共《うじたか》は大垣藩十万石の藩主で、長州征伐や鳥羽伏見の戦いでは幕府側として参戦したが、のちに有栖川宮熾仁《たるひと》親王の征東軍（官軍）につき、その先鋒をつとめた。

この氏共の妻、つまりわたしの曾祖母の戸田極子《きわこ》は、岩倉具視の娘だ。

岩倉は、公武合体派として皇女和宮の降嫁を推し進めた公卿だが、最後は薩摩の西郷隆盛や大久保利通と手をむすび、武力倒幕の立役者の一人になったのだから複雑だ。

さらに、田安家から福井藩主を継いで幕末の政界で活躍した松平春嶽《しゅんがく》は、尊王攘夷派の主流に近い公武合体派というややこしさである。

こんなふうに、わたしのからだのなかにはさまざまな立場やイデオロギーの遺伝子が入り乱れている。まるで幕末の京のように混沌としているのだが、やはりなんといっても徳川一門としての意識が強い。身内に伝わるさまざまなエピソードを織り交ぜながら幕末維新を考えてみたのがこの本である。

幕末維新を現象だけでとらえると、なにがなんだかわからなくなってしまう。敵と味方が入り乱れ、主張がくるくると変わった。その混沌を、わたしの遺伝子に組み込まれたさまざまな立場から整理し、正史にはない側面や視点から論じてみたつもりだ。

各地には幕末維新の秘話がたくさん残っているし、いまでも新たに発掘されることがある。後世の人間にとって、最も魅力的な時代のひとつだからだろう。

当時は、天皇や将軍から庶民にいたるまでが、それぞれの立場から、これからの日本をどうすればいいのか、ということを真剣に考えていた。

それだけに激しい対立も生まれたけれど、誰もが強く望んでいたのは、

「日本という国がしっかりと自分の足で立ち、ひとびとが平和に暮らすこと」であったに違いない。

いま、このテーマはますます重要になっているように思う。

国家の平和とは、外交とは、情報の活かし方とは、交渉力や決断力とは、といったことを考えるうえで、この本がほんの少しでもヒントになれば、こんなに嬉しいことはない。

二〇一〇年二月　　徳川宗英　　田安徳川家十一代当主

第一章　徳川慶喜

家康と並ぶほどの強い霊感

歴代の徳川将軍のなかで、慶喜ほど毀誉褒貶が相半ばするひとはいない。

いったん意見を主張すると頑として譲らなかったため、松平春嶽から「剛情公」という渾名《あだな》をつけられた一方で、意見や態度を躊躇なく変えて周囲を唖然とさせることも多く、皮肉をこめて「二心殿《にしんどの》」と呼ばれたりもした。

鳥羽伏見の戦いのとき部下を残して大坂城を脱出したことや、幕府をつぶした張本人ということで、批判されることも多いのだが、慶喜は全体を見て行動していたひとだったと、わたしは思っている。

先の先まで読める冷静なひとが将軍だったからこそ、日本は幕末の激動期を乗り越えることができた。その意味で、維新の最大の功労者といえる。

そうでなければ明治政府から公爵などに叙されなかっただろう。

慶喜の行年は七十七で、歴代徳川将軍のなかでいちばんの長寿をまっとうすることができた。もし坂本龍馬のように若死にしていたら、いまごろは「悲運の名君」として、もてはやされていたかもしれない。

慶喜は、とても霊感のはたらくひとだったと思う。

霊感商法の霊感ではなく、「ほかのひとには考えつかないことが誰よりも先にわかる」という意味の霊感である。「閃き」あるいは「先見力」といってもいい。

徳川の歴代将軍のなかで霊感が最も強かったのは家康だろう。

三十一歳のとき、三方ヶ原の戦いで武田信玄軍にこてんぱんに叩きのめされて浜松城に逃げ帰った家康は、

「城門を真一文字に開け放ち、門の内外で篝火をがんがん焚かせろ」

と家臣に命じると、奥に入って湯漬けを三杯たいらげ、あっという間に大いびきをかいて眠ってしまった。

追ってきた武田軍は、城門があけっぱなしのうえに篝火があかあかと燃えているのを見て、「なにか罠があるのでは」と警戒し、城に攻め寄せてこなかった。

そうなることを確信していたようだ。「この首をとられるなど断じてない」という理屈では説明のつかない閃きがあったのだろう。

のちに家康は、小田原の北条氏を滅ぼした豊臣秀吉の命令で関東に国替えをした。京大坂に近い三河、遠江などの領国から東へ追いやられる格好になったわけだが、

「関東は見渡す限りの大平野。開拓すればいくらでも豊かになる」

「江戸は一面の湿地帯だが、埋め立てをして堀川を通せば大坂をしのぐ城下町ができる」

という直感が、このときもはたらいていたように思う。むろん、北条攻めに際して関東や江戸のことをよく調べてもいただろうが、家康の直感は現実のものとなった。

この家康と並ぶほど、慶喜は霊感が強かった。家康同様、内外の情勢についてもよく勉強していた。

「徳川宗家を継ぐのはよいが、将軍職だけはどうあっても受けぬ」

と、なかなか承知せず周囲を困らせたのは、インドでおきた事件が脳裏をよぎったからかもしれない。

一八五八年（安政五）、インドで勢力を伸ばしていたイギリスが、バハードゥル・シャー二世を退位させ、シャー二世は流刑先で死亡し、インドのムガール帝国が滅亡するとい

う事件がおきていた。

当時、幕府の海外情報収集力は飛びぬけていた。長崎のオランダ商館を通じて西欧の雑誌や新聞なども入手していたほどだから、慶喜はおそらくこの事件を知っていただろう。将軍になればババハードゥル・シャー二世の二の舞になるかもしれないと、悪い予感がしたのではないか。

「徳川幕府は遠からず崩壊する。しかも、将軍になってもたいしたことはできない」ということも予測していただろう。ある意味、旧態依然とした幕府の限界を見きっていたのだと思う。

もともと征夷大将軍というのは「夷狄《いてき》（野蛮な異国人）を征伐する軍を率いる大将」のことで、幕府とは「征夷大将軍が出陣する際の陣営」を意味する。

日本はすでに諸外国と外交をはじめていたのだから、夷狄をやっつけるための征夷大将軍も幕府も、もはや必要はない。当時、ほとんどの日本人はそこに気づいていなかったが、聡明な慶喜にはよくわかっていたのだ。

家臣や諸大名には予想もできないことが、慶喜の頭のなかには閃く。だが、その閃きはひとに説明のしようもないし、言葉ではすぐに理解してもらえなかった。

結局、崇敬する孝明天皇から命じられたため、やむなく将軍職についた。

そういうかたちになるだろうという「天の声」も、慶喜には聞こえていたと思う。

将軍在位は十ヵ月、明治天皇とは義兄弟

十五代続いた徳川将軍のなかで、慶喜は「歴代初の記録」をいくつももっている。

まず、将軍在位期間が十五人のなかで最短だった。

征夷大将軍に任ぜられたのは慶応二年十二月五日。大政を奉還したのは翌年の十月十五日で、将軍の座にあったのはわずか十ヵ月である。

しかも、家茂の死から四ヵ月間も将軍の座がからっぽになるという、徳川幕府はじまって以来の事態をひきおこした。慶喜自身が将軍になることをしぶったためだ。

将軍時代はずっと京にいた。だから慶喜は、十五人の将軍のなかでただ一人、将軍として江戸城に入ったことがない。

もちろん大奥ももたなかった。初代家康と二代秀忠も大奥をもたなかったが、そのときは大奥そのものがまだなかったから、これも歴代初になる。

これらの事実は、幕府をとりまく時代の激変と混乱を物語っているといえるだろう。

さらに慶喜は、徳川幕府始まって以来の皇室の血を受けた将軍だった。

天保八年（一八三七）九月二十九日、慶喜は水戸藩九代藩主・徳川斉昭の七男として江戸小石川の藩邸で生まれた。実母は有栖川宮家から嫁した正室・吉子だった。屋敷の跡地は小石川後楽園や東京ドームになっている。

慶喜が生まれた年、大坂で大塩平八郎の乱がおこった。天保の大飢饉によって幕藩体制が揺らぎはじめたころだった。なお、同じ年、イギリスではヴィクトリア女王が即位し、以後、六十四年間在位して大英帝国の黄金時代を築いた。

十一歳で一橋家を相続した慶喜は、十九歳のとき正室を迎えた。

お相手の美賀（美賀子）は公家の今出川家の姫君で、左大臣・一條忠香《ただか》の養女となったあと嫁いできた。

一條忠香の三女は美子《はるこ》といい、のちに明治天皇のお妃となられた。昭憲皇太后という名のほうがよく知られている。なかなかの才媛であらせられ、華族女学校（現・学習院女子高等科）や東京女子師範学校（現・お茶の水女子大学）の設立や日本赤十字社の発展などに寄与された。

血のつながりはないけれど、慶喜の妻は昭憲皇太后の姉だった。つまり――。

慶喜と明治天皇は義兄弟なのである（図1）。

意外な事実をもうひとつ付け加えると、慶喜の妹（斉昭の側室の娘）は維新後、有栖川宮熾仁《たるひと》親王に嫁いでいる。

熾仁親王といえば、十四代家茂に降嫁した皇女和宮の、もとの婚約者だ。公武合体のために無理やり婚約を破棄され、のちには東征大総督として幕府にとどめを刺すために官軍を率いて江戸にやってきた。

「宮さん宮さん　お馬の前に　ひらひらするのはなんじゃいな」

と『トンヤレ節』にうたわれた「宮さん」は、熾仁親王のことである。

最後の将軍慶喜が、徳川幕府を倒した明治天皇や熾仁親王の兄にあたるというのは皮肉な話だが、それも歴史の興味深い側面といえるだろう。

◆慶喜と明治天皇のつながり

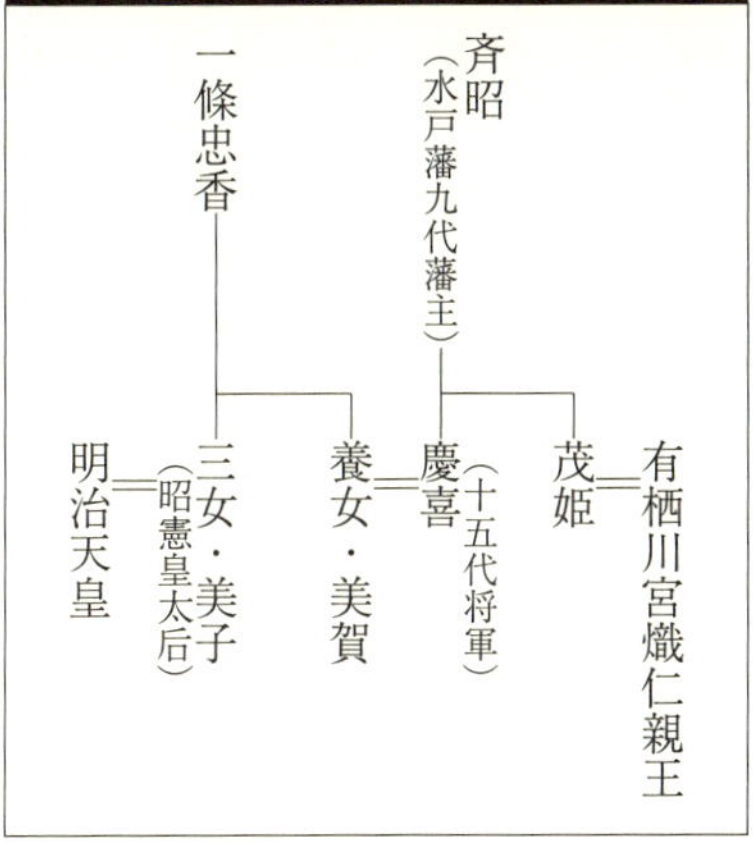

（図1）

不眠症に悩まされた京都時代

将軍になる前の慶喜は、将軍後見職として家茂を補佐したあと、朝廷から御所を守る禁裏御守衛総督を命ぜられた。幕閣としてはたらいたのは約四年間で、将軍在位期間よりはるかに長い。

将軍後見職についたのは文久二年（一八六二）七月。まだ二十代なかばだった。

この年の四月、薩摩の島津久光（斉彬《なりあきら》の弟）が千人以上の兵を率いて上洛し、幕政改革案を朝廷に建白していた。朝廷はその案を受け入れて幕政改革を命ずる勅使を江戸へ派遣し、久光の一行を随行させた。

久光は六月に勅使とともに江戸城に乗り込み、武力行使をちらつかせながら改革を迫った。その結果、将軍家茂が上洛して朝廷に攘夷の相談をすることや、慶喜を将軍後見職に、松平春嶽を政事総裁職に任命することなどが決まったのだ。

久光は当時の薩摩藩主・忠義の父親で、大名ではなかった。外様のご隠居が江戸城に乗り込んで政治に口出しするなど本来はありえないことだ。強引な交渉を可能にしたのは、勅使の威力があったればこそ。天皇の名代の言うことには幕府も逆らえなかった。

翌文久三年春に家茂が孝明天皇に拝謁することになったため、慶喜はひとあし早く一月五日に京に入った。その少し前に、「将軍後見職を辞めたい」ともらしていたそうだ。

もともと尊王思想の持ち主だった慶喜にとって、幕府側の人間として朝廷とさまざまな交渉をするのは気が重かったのだろう。のちに家茂も「将軍を辞めたい」とネをあげたほど、当時の政局は混乱をきわめていた。

三月、家茂は上洛した。徳川将軍の上洛は三代家光以来、じつに二百四十年ぶりだった。

朝廷では、孝明天皇の石清水八幡宮行幸に家茂を供奉《ぐぶ》させ、そこで攘夷祈願をさせる計画だった。

石清水八幡宮は古くから朝廷に崇敬され、鎌倉期に源氏の氏神とされてからは武家の尊信も集めていた。社は宇治川と木津川が合流する地にあり、京の都からだいぶ離れているが、わざわざそこまで行幸してでも攘夷決行を確実にしたかったのだ。

ところが家茂は病気と称して行幸に参加せず、代理で供奉した慶喜も参宮はしなかった。列強の軍事力を知っていた幕府側は、攘夷はとうてい不可能だとわかっていたのだ。

それでも孝明天皇は攘夷を強く迫り、家茂もこれを受け入れざるを得なかった。家茂は逃げるように江戸に帰ったが、慶喜はそれから約五年間を動乱の京ですごした。

いつ暗殺されるかわからない不安もあり、ストレスは並大抵のことではなく、夜、眠れなくて困ったらしい。家茂の侍医の松本良順から、モルヒネを睡眠薬として処方されていたという話も残っている。

ちなみに松本良順は、佐倉順天堂（順天堂大学の前身）を創設した佐藤泰然の実子で、長崎で西洋医学を学んだひとだ。維新後は軍医総監となり、松本順と名乗っている。

なお、慶喜がモルヒネを睡眠薬がわりにしていた京時代は、けっして短い期間ではなかったが、その後もモルヒネを使いつづけたという話はない。

モルヒネはアヘンの主成分で習慣性の高い麻薬だ。いまは医師の処方のもとで麻酔剤や鎮痛剤として用いられているが、当時は中毒になるひとも多かった。

だが、慶喜はアヘン戦争の情報から麻薬中毒の害をよく知っていた。もうモルヒネは使わないと決めたら、それを実行できる強い意志をもっていたのだと思う。

禁門の変で獅子奮迅の活躍

元治元年（一八六四）三月、慶喜は将軍後見職を辞任し、禁裏御守衛総督（御所警護の総元締）と摂海防御指揮（大坂湾防衛の指揮官）を兼任することになった。

禁裏御守衛総督という役職が存在したのは、あとにもさきにもこのときだけで、いわば慶喜のためにつくられたようなものだった。当時、慶喜に理解を示す者は幕閣にも少なかったが、孝明天皇は特別な役職をつくってでも慶喜をそばにおいておきたかったのだろう。いちばんの慶喜ファンは、孝明天皇だったかもしれない。

その年の七月、京の政界から締め出されていた長州勢が、巻き返しのために孝明天皇の拉致誘拐をくわだて、御所に押し寄せるという大事件が勃発した。有名な禁門の変である。

このとき慶喜は愛馬「飛電」にまたがり、会津・薩摩・桑名の諸藩が守る御所の各門へと縦横無尽に飛び回り、幕府軍を指揮して長州勢に立ち向かった。慶喜の鎧の内側の紋は、徳川家の葵ではなく、天皇家の菊の紋だったという。

慶喜の武術は、いわゆる「殿さま芸」ではなかった。水戸にいたころから、厳父・斉昭の方針で、剣術、馬術、弓術、水泳などを徹底的に仕込まれていたのだ。とくに馬術は、馬場で馬を乗り回すだけでなく坂道や山道を駆けめぐり、実戦に役立つ訓練を積んでいた。

京のひとたちは、慶喜の乗馬があまりにも巧みなことにびっくりしたそうだ。

飛びかう銃弾をものともせずに最前線で指揮をとるだけでなく、慶喜は戦闘中に四度も御所のなかへ駆け戻り、震え上がっている公卿たちを叱咤した。

同行した薩摩藩家老・小松帯刀《たてわき》の証言によると——。

御所の内部では、響きわたる銃声と怒号にすっかり怖気づいた公卿たちが、長州側との和議を進めようとしていた。

慶喜は紫宸殿《ししんでん》に乗り込むと、集まった公卿たちの前で大胆にもあぐらをかき、長州になびこうとする多数の親王や公家衆を相手に舌戦を繰り広げた。

説得に応じないなら殺害も辞さず、という厳しい態度を示し、一人ずつ説き伏せていったという。

孝明天皇の信頼を受け、張り切って走り回る慶喜の姿が目に浮かぶ。デビュー戦だったから力も入っただろう。

戦闘はわずか一日で終わり、長州側は壊滅的な敗北を喫した。

このときは薩摩の兵隊も大活躍したが、長州にしてみれば司令官の慶喜がいちばんの「悪者」に思えたにちがいない。

激怒した孝明天皇は幕府に長州征討（第一次長州征伐）の勅命を下し、長州藩は家老三人の首を差し出して、朝廷と幕府に謝罪恭順の姿勢を示して治まった。

真の尊王は慶喜と松平容保だけという皮肉

その後、長州藩内では尊攘派が勢力をもりかえし、ふたたび不穏な動きを見せはじめた。家茂は慶応元年（一八六五）閏五月に上洛し、九月に長州再征の勅許を得たが、幕府軍が苦戦を続けるうちに健康状態が悪化し、慶応二年七月二十日、大坂城で息を引き取った。二十一歳という若さだった。

あとをつぐことを固辞しつづけた慶喜は、孝明天皇のツルの一声でようやく将軍職についたが、それからわずか二十日後に孝明天皇が崩御された。

すると、それまで日米修好通商条約で約束されていた兵庫開港に強く反対していた慶喜は、手の平を返したように先頭に立って開港を推し進め、幕閣たちを唖然とさせた。

じつは、将軍後見職時代に出席した朝議参与会議（幕府から独立した朝廷内部の会議）でも、慶喜は同じようなことをしている。

政事総裁職の松平春嶽、宇和島藩の伊達宗城《むねなり》、薩摩藩の島津久光が、

「孝明天皇が強く望まれている鎖港攘夷は、考え直すべきである」

と発言したとき、それまで開国論を展開してきた慶喜が一転して猛反発したのだ。

しかも会議のあとの宴席で、春嶽、宗城、久光に向かって、

「腹を切って天皇にお詫びせよ。この三人は天下の大愚物、天下の大奸物だ」

と、酒にまかせて罵った。

酔ったふりをして言いたいことを言ってしまう——これはサラリーマンにもよくあることだが、ことは国の一大事だ。

罵倒された三人は激怒して国許に帰ってしまい、慶喜は将軍後見職を辞任した。

水戸徳川家には、

「なにがあろうとも、けっして天皇に弓引くようなことをしてはいけない」

という尊王思想が、黄門さまこと徳川光圀以来の遺訓として伝わっていた。

水戸藩ではペリー来航の一年前に、光圀の時代から編纂してきた『大日本史』の前編を朝廷と幕府に献上している。

『大日本史』は、神武天皇からはじまる皇統の歴史を紀伝体で編述したもので、幕末の尊王思想に大きな影響を与えた。

『大日本史』を中心とした水戸学は、慶喜の父・斉昭の時代に尊王攘夷をうたう学風になったが、天皇神聖をとなえる尊王思想と、異国人を排撃しようとする攘夷思想とは、もともとまったく別のものである。二つをむすびつけてしまうのは考えものなのだが、斉昭は、そういう厄介な思想の持ち主だった。

また、古来、朝廷には推古天皇や聖徳太子のように仏教を厚く信仰した方々が多くおられ、平成十九年秋には天皇皇后両陛下が延暦寺に行幸啓されている。

水戸学は神道に偏りすぎるきらいがあり、仏教は異教であるとさえ考えていた。慶喜がまだ水戸にいたころ、斉昭は領内の二百近い寺院を整理し、領民の葬式も神式でおこなうよう命じた。これも仏教弾圧のひとつといえる。その後も斉昭は、寺院から供出させた釣鐘を潰して大砲をつくったりしたため、「寺院の敵」とみなされた。

その余波で、のちに慶喜が鳥羽伏見の戦いに敗れて上野の寛永寺に蟄居しようとしたとき、寛永寺側が難色を示したことが寺の記録に残っている。

徳川斉昭

「開国か、攘夷か」で意見をころころ変えた慶喜は、「変節の将軍」ともいわれる。だが、孝明天皇の死後、一転して兵庫開港を推進したのは天皇が代替わりされたからで、慶喜自身のなかでは筋が通っていたわけだ。しかも兵庫開港と同時に大坂も開市した。

幼い頃から叩き込まれた尊王思想が骨の髄まで染みついていた慶喜には、幕府を攘夷のたのみとされていた孝明天皇の意思に逆らうことなど、できなかったのである。

その思いは、「敬神崇祖（朝廷を崇敬し、徳川家に絶対服従する）」を藩是としていた会津藩主の松平容保《かたもり》も同じだった。

家茂の最初の上洛を前に京都守護職に任命された容保は、「朝廷のために、幕府のために」と千名の兵を率いて京にやってきたが、清廉潔白な性格だったため泥沼のような政界でうまく立ち回ることができず、薩長がやっていたような公家の抱き込み工作もしなかった。

その人柄は孝明天皇に信頼されたが、配下の新撰組が活躍するにつれて会津藩は尊攘過激派から深く恨まれるようになり、やがて戊辰戦争で悲劇の結末をむかえてしまう。

維新後の容保にとって唯一の心の支えとなったのは、禁門の変のあと孝明天皇から下された宸翰《しんかん》（天皇直筆の手紙）だった。

「朕は誰よりも会津を頼りにしている」

と書かれたその宸翰を小さな竹筒に入れ、紐をつけて首から下げて、終生、肌身離さず大切にしていたという。

幕閣のなかで誰よりも強く尊王の思いをもっていた慶喜と容保の二人が、結果的に「朝敵」の汚名を着せられてしまったことは、歴史の皮肉としかいいようがない。

孝明天皇のため鶴猟に励む

「死せる鶴　生ける人馬を走らしむ」

という古川柳があるそうだ。

徳川幕府には、「鶴の羽合《はあわせ》」とか「鶴御成《つるおなり》」とよばれる行事があった。毎年、冬に将軍が鶴をとらえる鷹狩のことだ。

幕府の行事について記した『柳営行事』という書物によると、鶴の羽合のとき、将軍は半纏《はんてん》に股引《ももひき》、背割羽織《せわりばおり》に草鞋《わらじ》履きという軽装で草むらのなかを潜行した。転んで泥だらけになるのは毎度のこと。鶴をとらえるまで毎日猟場へ出たという。

獲物を見つけると、将軍は鷹匠頭から受け取った鷹を拳《こぶし》にのせて鶴のほうへ進み、鶴が驚いて飛び立とうとするところに鷹を放って仕留める。

将軍がその年の冬に最初にとらえた鶴は「拳の鶴」と呼ばれ、天皇に献上された。拳の鶴は、将軍の前で腹をひらかれ、臓腑を鷹に与えたあと、塩を詰めて腹が縫いあわされる。そして、早飛脚や馬を使って昼夜ぶっとおしで京へ運ばれた。

冒頭の古川柳は、拳の鶴が東海道を駆け抜けていくようすを描いたものだ。「死せる孔明　生ける仲達を走らす」をもじったのだろう。

通常、鶴の羽合で猟場まで将軍のお供をするのは鷹匠と小姓に限られていたようだが、

「一橋なども別段の思し召しによってお供をすることがあった」

という記述が『柳営行事』には見られる。

書かれた時期から推察するに、このときの将軍は十二代家慶で、「一橋」は慶喜のことをさしているようだ。

家慶は、慶喜のことをとてもかわいがっていた。平素の鷹狩にもよくお供をさせて、

「鷹をのせるときの拳はこのようにせよ。肘はこうするとよい」

と、みずから手を添えて教えたりもしていた。

世継ぎの家祥《いえさち》（のちの家定）は病弱で子がなかったから、いずれ慶喜を将軍にしようと考えていたのかもしれない。

孝明天皇を崇敬していた慶喜のことだから、猟場では将軍以上に奮い立ち、泥まみれ砂まみれになりながら鶴を追っていたことだろう。

ところで、天皇に献上された拳の鶴は、宮中で新年三が日の朝に供されるお吸物にされていたそうだ。

わたしも幼いころに一度だけ、祖母の故郷の鹿児島から年始に送られてきた鶴の肉を、お雑煮にしていただいたことがある。

昆布で出汁をとったすまし汁のなかに、紅、白、黄色の四角い餅と、大根、さといも、そして鶴の肉がほんの少し入っていた。もっとも、見た目は鶏のささみのようで、「これが鶴の肉だよ」と言われてもピンとこなかったが。味もささみのようにあっさりとしていた。

七十年以上も昔のことだ。それ以来、鶴の肉を口にしたことはない。

慶喜が描いた壮大な新政府案

慶応二年（一八六六）八月二十日に徳川宗家を相続した慶喜は、早くも九月二日に施政の大方針八ヵ条を老中に授けている。

徳川一族の長として日本をまとめていこうという意識からだろう。

八ヵ条の方針のなかに「攘夷」という言葉はまったくなく、適材適所の人材登用、外交の重視、経済基盤の整備などがうたわれていた。

この方針が幕閣のどこまで浸透したかはわからない。だが、外交は慶喜にとって最重要課題だった。

当時、薩長を支持していたイギリスの外交官アーネスト・サトウ（駐日イギリス公使ハリー・パークスの部下）は、日本語を正確に話せる外国人として有名で、「薩道《さどう》」という日本名までもっていた。そのサトウが西郷隆盛と会談したとき、こう言ったという。

「日本が誰に統治されようが、われわれには関係のないことです」

日本と通商条約をかわした諸外国にとって大事なのは、貿易で利益を上げることだ。日本の内紛がおさまり、すみやかに兵庫が開港されれば内政不干渉の立場を貫く。逆にいえば、兵庫開港がこれ以上もたつくようなら内政に干渉してくる危険性があった。

それは慶喜にも充分わかっていた。だからこそ、将軍就任後に孝明天皇が崩御されると、すぐに兵庫開港へと動いたのだ（実際に開港されたのは兵庫ではなく現在の神戸だった）。

さらに慶喜は、駐日フランス公使レオン・ロッシュと組んで、幕府とは別の組織をつくり、新しいかたちの政治をおこなおうとした。

将軍になったときの心境を、のちに慶喜は次のように語っている。

「東照公（家康）は日本のために幕府を開き将軍職につかれたが、わたしは日本のために幕府を葬る役にあたろうと覚悟を定めた」

ちょっと格好をつけすぎのような気もするが、徳川幕府の歴史に終止符を打つ覚悟があったのは事実だ。

慶喜は新たに欧米式の政治組織を取り入れた（図2参照）。

軍制では、歩兵・騎兵・砲兵の軍隊組織をつくり、フランスの軍事教官たちを日本に招いて三兵の伝習をおこなった。

◆慶喜がつくった官僚制

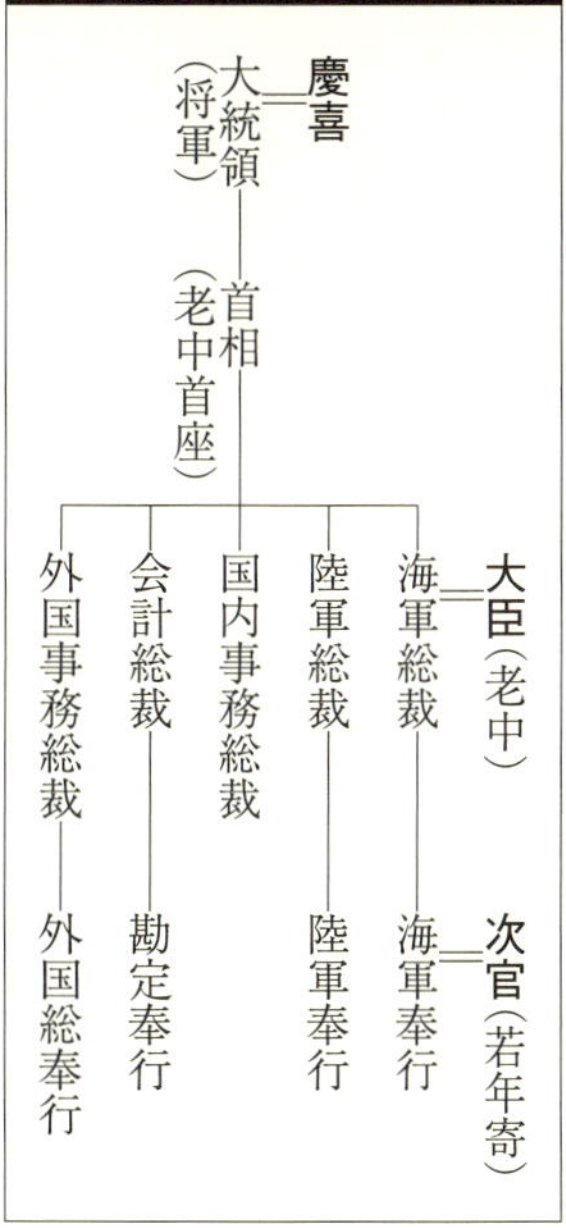

（図2）

また、ロッシュの協力で横須賀に造船所も建設した。工費を工面した勘定奉行の小栗上野介は、徳川家の財宝をどこかに隠したという伝説のある人物だ。

「造船所をつくるような

莫大な金が幕府にあるのか」

外国奉行の栗本鋤雲《じょうん》が心配してこう聞くと、上野介はニヤリと笑い、

「心配はいらぬ」

と答えたという。

慶応三年三月には、オランダに留学していた榎本武揚が、かねてから幕府が発注していた最新鋭の軍艦「開陽丸」を横浜に回航してきた。軍備の基礎は着々と固められていった。ロッシュの提言で横浜にフランス語の伝習所もつくられた。

卒業生たちは、ロッシュと慶喜の通訳になったり、慶応三年に慶喜の実弟・昭武がパリ万国博覧会へ将軍名代として出席したとき、ナポレオン三世との謁見式で通訳をつとめたりしているから、このフランス語学校はかなりの成果を上げたといえる。

さらに慶喜は、フランスから総額六百万ドルの借款を受けて、新税の導入や金融統制機関の設置などもおこなおうとしたが、これは大政奉還によって実現しなかった。

なお、幕末の日本では、幕府に協力的なフランスと、薩長にくみするイギリスの活躍が目立ち、アメリカの影はきわめて薄い。当時、アメリカでは南北戦争がおこったり、南軍が降伏したあとリンカーン大統領が一八六五年四月に暗殺されたりしたため国内のことで

忙しく、とても日本にまで手がまわらなかったのである。

大坂城の外交饗宴

慶応三年三月下旬から四月はじめにかけて、慶喜は大坂城中で各国の公使を相手に外交饗宴を繰り広げた。

将軍就任をしぶしぶ引き受けてから三ヵ月あまり。そこには、孝明天皇が在位されていたころに「開国か、攘夷か」で揺れていた慶喜とは明らかに違う姿があった。

慶喜は、この外交饗宴にみずからの政治生命を賭けていたのだと思う。

会見の式次第についてはロッシュから事前に助言を受け、フランス風の晩餐会にすることが決まった。

横浜の外国人居留地でホテルを経

慶応三年、大坂城で各国公使に謁見したときの徳川慶喜（英国軍艦サーペント号機関長サットン大佐撮影）

営していたフランス人が饗宴のすべてをとりしきり、椅子、テーブルなどの調度品からはじまって、ナイフ、スプーン、フォークやウェッジウッドの皿、大量の食材、腕の良いコックまで、すべてを横浜から運びこんだ。

まず三月二十五日に、薩長を強く支持するイギリス公使ハリー・パークスとの非公式会見がおこなわれた。慶喜とパークスが対面したのはこの日がはじめてだった。

そのあと、イギリス公使館の騎馬護衛兵たちが乗馬を披露した。馬術に長けた慶喜は、彼らが乗っているアラビア馬の力強い姿にたいそう興味を示したという。

つづいて会食がはじまった。そのときのメニューが残っている。

——鶏肉のスープ、魚料理、牛フィレ肉のステーキのポテト添え、ロースト・ビーフ、さやいんげんのレモンバター炒め、豚腿肉のハムのトリュフ添え、鶏のささみのクリーム仕上げ、鶉《うずら》と鴫《しぎ》のロースト、えんどう豆のバター炒め、鶏のパテ、ベシャメルソースを詰めた一口パイ、鶫《つぐみ》のワイン煮、マッシュルームの傘の詰め物、アスパラガス。

当時としては最先端のフランス料理で、むろん、日本でつくられた西洋料理としては最も豪華なものだった。このような盛りだくさんのフランス料理は、ルイ十四世のころからさかんになったものだ。

お菓子のメニューもある。

――フルーツ入り蒸しケーキ、ゼリー菓子、ヌガー（ナッツなどを飴で固めたもの）、桜桃酒入りアイスクリーム、メレンゲのホイップクリーム添え、フルーツ（オレンジ、洋梨、マスカット、いちじく、すもも）、紙に包んだボンボン。

十九世紀の前半まで、フランス料理は大皿に盛られた料理を好きなだけとるスタイルだったが、当時は一皿一皿運ばれてくる現在のスタイルが主流になりつつあった。

このときはどちらだったのか、記録がないのでなんともいえないが、現在のスタイルだったとすれば、どうやってサーブされたのか。小姓たちがその役を仰せつかったのかもしれない。饗宴をとりしきったフランス人から教えてもらったのだろう。

さらに大坂城の広間には、次のようなお酒が用意されていた。

――シェリー酒、ボルドー・ワイン、フランス中部コート・デュ・ローヌの銘赤ワイン、シャンパン、甘みのあるデザートワイン。

食事が終わると、別室でコーヒーを飲みながらなごやかに会話を交わした。このときは葉巻やリキュール酒も出された。

この会食は、翌二十六日にオランダ、二十七日にフランス、一日おいた二十九日にアメリカを相手にして開かれた。

招かれたほうは一回ですむが、招いたほうは連日である。緊張を強いられる外交饗宴を立て続けにこなした慶喜の体力と精神力はすごい。やはり政治家は体力勝負なのだ。特に外交は、胃袋も丈夫でなければやっていけない。

慶喜は日ごろから牛乳や肉を口にし、なかでも豚肉が好物で「豚一《ぶたいち》（豚を食う一橋）」という渾名までつけられていたほどだから、西洋料理に違和感はなかっただろう。かわいそうなのは同席した幕府の役人たちだ。ボリューム満点の料理に腹具合を悪くする老中や、バターやクリームの匂いにむかつく若年寄もいたのではないだろうか。

卓越した外交センスでパークスをとりこに

大坂城での饗宴は、おそらく日本初の食卓外交だろう。

日本料理ではなく完璧なフランス料理でもてなされたことに、イギリス側は驚愕した。だが、パークスのような海千山千の外交官が、フランス料理を出されたくらいで慶喜になびくだろうか？　答えはむろん「否」である。

この饗宴が成功するかどうかは、慶喜という人間そのものにかかっていた。

そして慶喜は、日本のニューリーダーとしての自覚と誇りをいかんなく示したのである。

パークスは、薩長びいきから一転して、慶喜という人物のとりこになってしまった。

このときのようすは、パークスが母国のスタンレー外相に送った報告書や、外交官A・B・ミットフォードとサトウの回想録にくわしく記されている。萩原延壽さんの大著『遠い崖——アーネスト・サトウ日記抄』のなかから一部を紹介しよう。

「将軍は、それまでわたしが出会った日本人の中で、もっとも貴族的な容貌をそなえていた人物のひとりであり、秀でたひたい、形のよい鼻、まさに紳士そのものであった」

慶喜の印象を、サトウはこう記している。

晩餐会の前の会見で慶喜は、通商条約に定めたことは兵庫開港もふくめて遵守すると約束してパークスを喜ばせる一方で、日本の軍艦をフランスでつくることになったと告げた。

「軍備に関して堅く口を閉ざしている老中たちよりも、将軍のほうがよほど率直だ」

と、パークスは感じ入った。

晩餐会が開かれた部屋には、壁に「三十六歌仙」の絵が飾られていた。パークスが興味深げに眺めていると、慶喜はすかさず家来に命じて「伊勢の額」を取り外させ、

「訪問の記念にサー・ハリー（パークス）に差し上げよう」

と申し出た。

「せっかく組みになっている絵を一枚はずしてしまうのは惜しい。とても頂戴できません」

とパークスが辞退するのをさえぎり、慶喜は言った。

「いや、絵が取りはずされ、空白ができたとしても、かつてそこにかけられていた絵がいまはイギリス公使の手に渡っていることを考えれば、それは大きなよろこびをわたしにあたえる」

この言葉を聞いたミットフォードは、

「これ以上にうつくしい好意の表明はほかにあるであろうか」

と讃嘆している。

そしてパークスは、ライバル関係にあったロッシュあての私信で慶喜を絶賛した。

「大坂城も素晴らしかったが、慶喜の人格がわたしの心に残した素晴らしさとはくらべものにならない」

日本の外交史上、これほどまでに高い評価を受けたリーダーはいないと思う。

かつての日米首脳外交で、中曽根康弘さんとロナルド・レーガンさんが「ロン、ヤス」

と呼び合う仲になったというのとも違うし、小泉純一郎さんがジョージ・ブッシュさんの前でプレスリーのものまねをして笑いを誘ったのとも違う。

三十一歳の若きリーダーは、アジアの国々を席巻し植民地にしてきた大英帝国の先兵であるパークスと真正面から対峙し、卓越した指導力、見識、外交センスで魅了した。

「自分にはそれができる」という自信と予感は、そうとうあっただろう。慶喜にしか閃かない霊感が、このとてつもない外交饗宴を可能にした、ともいえる。

それは慶喜にとって自然な一手だったと思われるが、倒幕派の薩長にはとうてい考えつかないことだったようだ。饗宴の少し前にサトウと会見した西郷隆盛は、

「一橋は、なんのために諸外国の代表を大坂に召集しようとしているのですか？」

とサトウに訊かれて、

「さあ。われわれにはさっぱりわかりません」

と答えている。

パークスは報告書のなかで、ニューリーダー慶喜に対する大きな期待を表明している。

「慶喜が時代の要請に充分に応え、彼の政治が外交関係の改善だけでなく、国内のあつれきの調整という点でも好ましい一時期を画すことを信じて疑わない」

薩摩に肩入れしていたサトウはかなり慌てたようだが、サラリーマンでも役人でも、この手の報告書は上司が喜ぶように書くものだ。少なくとも上司がいやがることは書かない。ひょっとしたら、このころのイギリスは、日本に対する外交方針を幕府寄りに修正していたのかもしれない。

ところで、大坂城の饗宴の少し前、イギリス海軍のキング提督が長州を訪問している。そのときの報告書にはこう書かれていたという。

「長州の応接には友好的な感情が欠け、外国人に対する猜疑心もまだ残っているようだ」

鹿児島や宇和島で地元民の熱烈歓迎を受けたあと、長州の三田尻（現・防府市）にやってきたキング提督は、群衆の出迎えがないことにカチンときたらしい。

このときの晩餐のメニューは、吸物、湯引きの鯛、焼鳥、細工かまぼこ、茶碗蒸しなどの和食だった。

しかし、これをもってして長州の接待が不充分だったと言うのは、あまりにも酷である。横浜から洋風の食材やら料理人やらをもってくるのは幕府だからできたことで、長州という一つの藩では長崎からでも予算的に無理だっただろう。

なにせ、大坂城の晩餐会の予算は一万五千ドルにもなったという（『外交史料集成』）。

長州の前田砲台を占領した四国艦隊

当時、一ドルと一両の比率は一対〇・七五くらいだったそうだ。一両をいまの円に換算するといくらになるかは諸説があるが、一両五万円とすると、なんと約五億円にも達する。

また、わたしは勤務先の会社の関係で三田尻には何度か行ったことがある。天然の良港で、当時の軍艦なら充分に停泊できたはずだ。萩へは軍艦では行きにくいし、下関も海流がきついときがあるから、三田尻というのは最良の選択だったと思う。

さらに、庶民の歓迎がなかったのも無理はない。キング提督が来るわずか二年半前に、長州は英米仏蘭の四国艦隊に下関砲台を砲撃され、あまつさえ上陸した陸戦隊二千名に砲台をさんざん破壊され、備砲も持ち去られていた。欧米の軍隊が攻撃のために本州に上陸したのは下関だけだ。

最初に仕掛けたのは長州だったとはいえ、地元のひとびとはどんなに恐ろしかっただろう。「外国人に対する猜疑心」が残っていて当然で、歓迎ムードになれるはずもなかった。

どうやらキング提督は、せっかちに長州の印象を結論づけてしまったようである。

西郷隆盛が最も恐れた男

長州の桂小五郎（木戸孝允）は、慶喜が将軍の座についたとき、

「一橋の胆略はあなどれない。まるで家康の再来のようだ」

と不安を口にし、

「幕府は衰運にむかうどころか、むしろふたたび勃興すると思えるほどだ」

と警戒を強めた。ことに大坂城の饗宴でパークスの気持ちが慶喜に傾いたことは、倒幕派にとって大きなショックだった。

「慶喜は果断勇決で大きな志をもっている。最大の強敵だ」

と岩倉具視は述べている。西郷隆盛にいたっては、

「慶喜を殺してしまわぬ限り、幼帝（睦仁《むつひと》親王、のちの明治天皇）の将来は危うい」

とまで言い、慶喜の存在をひどく恐れた。

こうした不安や恐れが、武力倒幕の道を選ばせたといえる。

一方、慶喜にとって孝明天皇の死は大きな痛手だった。孝明天皇は攘夷を強く主張したが、大局ではこれからも幕府に政治を任せるつもりだった。ご自身は佐幕派だったのだ。孝明天皇の崩御で、幕府の立場は急速に弱くなった。

そこで慶喜は土佐藩の建白を受け入れ、慶応三年十月に大政奉還を決断したのだが、朝廷はすぐに政務をとることもできず、しばらくのあいだ慶喜に政務を任せることにした。

これこそが慶喜の意図するところだった。

しかし、武力倒幕派の不満はピークに達し、十二月九日、三千の兵に御所の各門を固めさせたうえで王政復古の宣言を天皇に求めた。

その結果、総裁・議定・参与の三職をおく新政府が発足。慶喜に対しては、内大臣の官位と幕府の領地を返上させること（辞官納地）が決まり、王政復古の大号令が発せられた。

二条城でこれを知った慶喜は大坂城へ移り、すぐに英米仏蘭伊普（プロシャ＝ドイツ）六ヵ国の公使を招いて宣言した。

「たとえ政体が変わろうとも、外交はわたしが責任をもってやっていく」

諸外国の最大の関心事は、新政府と旧幕府のどちらが外交窓口になるかだ。新政府の外交手腕は未知数だったから、先に存在感を強くアピールした慶喜のほうが有利になった。ひょっとしたら慶喜は、こうなることまで予測して「大坂城の饗宴」という布石を打っていたのかもしれない。だとしたら、したたかである。

各国の公使は、鳥羽伏見の戦いの直前まで大坂城で慶喜と会見していた。表面的には倒幕派が政局をリードしているように見えたが、実際には慶喜の独壇場だった。

より強力な、幕府とは異なるかたちの徳川新政権が、慶喜の目前にあったのである。

第二章　坂本龍馬

死後に有名になった風雲児

「誓って皇国のおんために帝国海軍をお護りつかまつる」

日露戦争の開戦前夜、皇后（昭憲皇太后）の夢枕に一人の男が立ち、こう告げた。

皇后はこの男をまったくご存じなかったが、宮内大臣の田中光顕が一枚の肖像写真を取り寄せてお見せすると、

「これじゃこれじゃ、この男に間違いない」と言われた。

写真の主は、坂本龍馬だった——。

この出来事は新聞で報じられ、龍馬の名は日本中に広まった。土佐では知らぬひとのなかった龍馬だが、全国的に有名になったのは死後三十七年もたってからだったのだ。

このひとはとにかく人気がある。司馬遼太郎さんの小説の影響も大きいだろう。

十九のときに江戸へ出て、北辰一刀流・千葉定吉（周作の弟）の道場で剣術修行を積んだのち、帰藩して武市半平太が結成した土佐勤王党に参加するも半年で脱藩。

ふたたび江戸に出て勝海舟の弟子となり、松平春嶽をはじめとする政界の中心人物と交流し、神戸海軍操練所の塾頭をつとめたのち、世界を舞台に大仕事をしようと日本初のカンパニー「亀山社中」（のちの海援隊）を設立。

薩長同盟の締結に奔走して倒幕の要にしたたと思えば、大政奉還による無血革命を献策し、徳川慶喜を首班とする新政府を構想する——。

その活動はダイナミックで、「幕末の風雲児」と呼ばれるのも、もっともなことだと思う。

若くして凶刃に倒れ、暗殺の真犯人がいまだに謎に包まれていることも、

「もし龍馬が生きていたら、その後の日本の歴史は大きく変わっていたかもしれない」

というロマンをかきたてるようだ。

だが、歴史がどう変わったかは誰にもわからない。

大政奉還の献策は、タイミング的にはぴったりだったが、龍馬が出したのはあくまでも素案で、直後に暗殺されたため、その結果を見届けることもできなかった。若くして命を

奪われたはかなさが、「龍馬伝説」をより壮大なものにしているのかもしれない。生きていたら維新後に世界貿易で名をなしていたのか、それとも政治家として活躍したのか、どうなっていたかわからないので、わたしとしてはなんとも評価のしようがない人物なのだ。

土佐藩の裕福な郷士の家に生まれた龍馬は、十二歳のとき実母と死別した。小さいころは近所の悪童から「泣き虫、寝小便たれ」とバカにされていたそうだが、三歳上の姉・乙女が母親代わりとなって愛情をそそいだ。

残された紋服から推定すると、龍馬の身長は約一七二センチ、体重は八〇キロほどで、当時としてはかなり大柄だ。

ところが、姉の乙女は龍馬を上回る大女で、剣術・馬術・弓術が得意だった。愛読書は『南総里見八犬伝』や『太閤記』という男まさりで、「坂本の仁王さま」と渾名されていたそうだ。この姉を、龍馬は生涯慕いつづけた。

冒頭に紹介した夢枕の一件は、真偽のほどがさだかではないが、「お話」だとしたら、とてもよくできていると思う。

龍馬は海軍を強化すべきだと考えていたし、海援隊の隊長だから「海」とむすびつけやすい。明治海軍の存在をアピールするには格好の人物だったろう。あるいは、宮内大臣の田中光顕は土佐出身だったから、郷土の英雄を全国区にしたいと考えたのかもしれない。昭憲皇太后がご覧になったという龍馬の写真は、いま、京都東山の霊山《りょうぜん》歴史館にある。

勝海舟を殺しにいって弟子になる

土佐藩を脱藩したのは文久二年(一八六二)の春だった。

当時は、脱藩の志士に藩がお金を支給することも少なくなかった。龍馬も、土佐藩か勤王党から活動費をもらっていたのではないだろうか。

そうでなければ食べていけないし、あんなに日本各地を動き回れないだろう。新撰組が池田屋事件で手柄を立てたとき、朝廷と幕府から計六百両のごほうびが下賜されたそうだが、龍馬はそういう褒賞金をもらうような手柄は立てていない。

だが、仮にスポンサーがいたとしても、銀行のATM機で簡単に現金を引き出せる時代とは違う。どこでどうやってお金を受け取っていたのだろう。

こんな想像をいろいろとめぐらせてしまうほど、龍馬の活動範囲は広かった。

龍馬が赤坂氷《ひ》川下《かわした》の勝海舟の屋敷を訪ねたのは、脱藩した年の秋という説がある。

海舟の日記では同年大晦日となっているのだが、このひとの日記には日付の誤りが多く、正確な時期ははっきりしていないようだ。海舟の回想によると——。

「俺を殺しにきたんだろう」

素手のまま玄関に出てくるなり、海舟はズバリと言った。

龍馬は図星をさされて言葉もなかった。それを見て海舟はニヤリと笑い、

「まあ俺の話を聞け。もし俺の言うことに非があるなら、すぐに斬りゃあいいじゃねえか」

べらんめえ口調でしゃあしゃあと言いながら、龍馬たちを居間に招き入れた。

そして、地球儀を示しながら世界情勢について語り、海に囲まれた小さな日本が攘夷論をとなえる愚かしさや、これからの日本が進むべき道などを諄々と説いた。

海舟の飄然とした態度に魅了され、深い知識と壮大なビジョンに圧倒された龍馬は、その場で海舟の弟子になってしまったという。

なんだか、話ができすぎのような気がする。

海舟はとにかく顔が広くて、屋敷にはひとの出入りが絶えなかったから、付き人が不審者に目を光らせていたはずだ。だが、主人みずから無防備で来客を迎えに玄関まで出てく

るというのは、いかにも海舟らしい。

また、龍馬を海舟に紹介したのは松平春嶽だったという説もある。だとしたら、春嶽の手前、海舟を斬ろうとするはずはないと思うのだが……。

海舟の回想録には「本当かな?」と思うような部分がけっこうある。「咸臨丸」でアメリカへ渡ったときには、

「ちょっと品川まで船を見に行ってくる」

と奥さんに言い残して家を出て、そのまま太平洋を渡ったと語っているが、アメリカまで行くのに普段着に剣だけというわけにはいかない。荷物はどうしたのだろう。

龍馬との出会いのシーンにも、創作がかなり入っているかもしれない。

幕府の中心人物と交流

海舟との出会いで世界に目を開かれた龍馬は、さまざまなひとと交流し見聞を広めた。

文久二年十二月五日には、土佐の仲間とともに、政事総裁職だった春嶽にはじめて面会している。

福井藩の記録『続再夢紀事』によると、春嶽は江戸城から藩邸に夜十時ごろもどったあ

と龍馬たちに会い、大坂近海の海防策について意見を聞いた。

そのころ幕閣や大名のあいだでは、「言路洞開」がしきりに叫ばれていた。世論を政治に反映するということだ。

春嶽もこれを実践していたようだが、当時は将軍後見職の慶喜とともに幕府の中枢にあり、多忙をきわめていた。夜おそく公務を終えたあと、身分の低い浪士に会って意見に耳を傾けているのだから、度量の大きいひとだったのだろう。

翌年の春、龍馬は大久保一翁《いちおう》（のちの東京府知事）からの手紙を託され、政事総裁職を辞任して福井に戻っていた春嶽のもとを訪れた。はじめての福井訪問だった。

松平春嶽

大久保一翁は、海防掛や側用人（いまの官房長官のような役）など重要な職を歴任したが、将軍家茂がはじめて上洛する際の幕議で、
「幕府が倒れる日は近い。天下の政治は朝廷にお返しし、徳川家は諸侯の列に加わるのがお家存続の上策」

と発言したため、当時は左遷されていた。龍馬の大政奉還案が出てくる以前から、幕府のなかにも政権返上をとなえる声はあったのだ。

同年五月にも龍馬は福井を訪れ、海軍操練所の建設資金の調達を春嶽に願い出ている。当時、海舟は将軍家茂の許可を得て、神戸に海軍操練所をつくろうとしていた。

「これからは海軍の力がモノをいう。操練所で身分を問わず天下の人材を育てるのだ」

この考えに共鳴した龍馬は、海舟の手足となって操練所開設の準備に走り回っていた。姉の乙女に、こんな手紙を送っている。

「日本一の人物、勝麟太郎殿というひとの弟子になり、海軍建設に奔走し、国のため天下のために力を尽くしております。どうぞお喜びください」（文久三年三月）

龍馬の願いを聞いた春嶽は、五千両もの大金を融通したという。幕府が出した資金を上回る額だった。当時の大名は、みな海軍力の増強が急務だと考えていたが、ことに春嶽が海舟に寄せる期待は大きかったようだ。

この福井訪問のとき龍馬は、横井小楠《しょうなん》、由利《ゆり》公正《きみまさ》とともに、これからの国づくりについて心ゆくまで語り合った。

熊本藩士の小楠は開国派の思想家で、春嶽に招かれて福井藩の政治顧問となり、通商交易と殖産興業を基本にした富国論を実践して大きな成果をあげていた。

福井藩士の公正は経済通として知られ、小楠を助けて藩財政の再建に尽力していた。小楠も早くから大政奉還論をとなえていたし、公正はのちに、大政奉還のもとになった龍馬の「船中八策」を練り直して五箇条の御誓文の原案を書き上げている。明治政府では東京府知事となり、銀座の煉瓦街をつくったひとだ。

彼らをむすびつけていたのは、新しい国家構想に賭ける大きな夢であった。

龍馬、幕臣となる

元治元年（一八六四）五月に神戸海軍操練所が開設されると、龍馬はその塾頭をつとめるようになった。つまり、海舟配下の幕臣になったのだ。

しかし、操練所は薩長の藩士や龍馬のような脱藩者も受け入れたため幕閣の不興を買い、一年足らずで閉鎖されてしまった。

その後、龍馬は物資輸送や貿易などの海運事業をおこなう亀山社中を長崎で立ち上げた。亀山社中は、志のある者なら身分を問わず受け入れる自由な社風で、脱藩者、農民、町人、医者、庄屋など、多彩な階層からなっていた。彼らは航海術や艦砲射撃の技術を身につけ、有事のときは艦隊としても機能できるよう訓練されていた。

海舟が神戸海軍操練所に託した思想と技術は、亀山社中から海援隊へと引き継がれていったのである。

なお、操練所が開設した年の九月、政務で神戸から大坂に出てきた海舟は、西郷隆盛とはじめて対面している。

第一次長州征伐を目前にして張り切っていた隆盛が、幕府の戦争準備は手ぬるいと責めると、海舟は、雄藩が協力して国政を一新しなければならないと説いた。

このとき西郷は、薩摩の方針を反幕府に転換することを決意した、ともいわれる。

海軍奉行という幕府の要職にありながら、大胆にも海舟は雄藩連合による政治改革の必要性を示唆したのだ。

海舟には、いずれ薩摩が幕府に対抗してくることがわかっていた。だが、そのとき幕府が勝てるかどうかは読み切れない。そこで、隆盛と腹を割って話をしておいたほうがいいと判断したのだろう。

一方、当時の隆盛には、幕府海軍への恐れがかなりあったはずだ。

人間には、互いに「相手を敵に回すとまずい」という気持ちがあると、かえってわかり合えることがある。このときの二人が、まさにそういう状態だったと思う。それがのちに、江戸城無血開城をめぐる二人の会見がスムーズに進む伏線になった、ともいえるだろう。

中岡慎太郎とともに薩長同盟の仲介に奔走

慶応二年（一八六六）の第二次長州征伐で、幕府軍は洋式軍備の長州軍にさんざんやられてしまった。長州再征の半年前に、薩長同盟がひそかにむすばれていたからだ。幕府が頼りにしていた薩摩藩は出兵を拒否し、西国諸藩の多くも薩摩に同調した。お義理で兵を出した藩の戦意は低く、兵卒たちが出兵先でおみやげばかり買っていたと、戦況を調査しに行った近藤勇が報告している。

諸藩の大軍が大坂城付近に集まったため、関西では米の価格が天井知らずの高騰を続けて打ちこわしが多発し、庶民は政治への不信感をつのらせていった。

不利な戦況のなか、七月に総大将の将軍家茂が亡くなったため、幕府は海舟を長州に派遣して停戦交渉をさせる一方で、停戦の勅命を下すよう朝廷にはたらきかけた。

海舟は単身、安芸の宮島へ乗り込み、長州の刺客がうろつきまわるなかを一週間も待たされたすえに交渉にこぎつけ、雄藩合議の体制を受け入れることなどを条件に講和した。

ところが京に帰ってみると、幕府はすでに朝廷から征長停止の勅命を受け、長州にその勅命を一方的に通告していた。

「決死の覚悟で講和を成功させたのに、あんまりじゃないか」

努力を水の泡にされた海舟は、怒ってそのまま江戸に帰ってしまった。

幕府を翻弄した薩長同盟は、仲介役として坂本龍馬の名が第一にあげられる。だが、そもそもの発案者は龍馬ではなく中岡慎太郎だったという説もある。

中岡慎太郎は、高知・北川郷の大庄屋に生まれ、武市半平太に剣術を習った。西洋兵学者で思想家の佐久間象山からも多大な影響を受けている。

二十一歳のとき庄屋の仕事を父親から引き継いだが、北川郷は山がちで平地が少ないため米の収穫量が少なく、村人は飢えに苦しむことが多かった。

慎太郎は、中岡家の土地を売ってサツマイモを買い込んで村人に配ったり、藩の備蓄米を分けてもらうために役人の屋敷の前で徹夜で座り込むこともあった。

「底辺のひとびとが安心して暮らせなければ、殿さまも国も成り立たない」

という思いが高じて土佐勤王党に参加したようだが、のちに脱藩。多くの志士たちと連絡をとりあい、土佐藩邸にも出入りして雄藩の内情に精通するようになった。

禁門の変には長州側として参戦したが、薩摩対長州という雄藩同士の無益な戦いに疑問をもち、変のあとますます険悪になった薩長の関係を修復して連合させようと交渉をはじめた。

そのころ下関にいた龍馬は、慎太郎の薩長同盟案を知り、大いに興味をもった。

長州藩は外国との密貿易で武器を買い入れてきたのだが、長州再征の際に米英仏蘭が中立を宣言して武器禁輸を申し合わせたため、武器を調達できなくなって困り果てていた。

「それならば、武器や艦船を薩摩藩名義で買い入れて長州へ運び、長州からは米を買い付けて薩摩に運んだらどうか。輸送は亀山社中が引き受けよう」

薩長をむすびつける妙案を思いついた龍馬は、慎太郎とともに薩長の志士たちのあいだを飛び回った。長州は禁門の変で多くの藩士を薩摩軍に殺されていたから恨みは深い。

「なにゆえ芋藩（薩摩藩のこと）と手をむすばねばならんのじゃ！」

と激怒する長州藩士もいたようだが、慶応二年正月、長州の桂小五郎と薩摩の西郷隆盛の会談がようやく実現した。

しかし、二人はなおも藩の体面にこだわっている。業を煮やした龍馬は、ついに二人をどやしつけた。

「長州がなんぜよ、薩摩がなんぜよ、おまんら日本人じゃないがか！」

この言葉が決め手になったといわれるが、中岡慎太郎の人望と粘り強い説得工作がなければ、薩長同盟の成立はむずかしかっただろう。

残されている慎太郎の写真のなかに、当時の志士としては珍しく、歯を見せてほがらかに笑っている一枚がある。

慎太郎は、他藩士の肩をたたいて「お互いにたいへんじゃなあ」と笑顔で話しかけるような気さくな男で、志士たちの人望が厚かった。

「剛の龍馬」と「柔の慎太郎」の絶妙のコンビネーションが、薩長同盟を実現させたといえるかもしれない。

大政奉還のシナリオ

「大政奉還」という言葉は、誰が最初に発したものなのだろう。

当時は「政権返上」という言葉が一般的だったようだが、「大政奉還」のほうが重みがあるし、響きもずっと美しい。なかなかよい言葉だと思う。

龍馬発案の大政奉還案を見出したのは、土佐藩の重臣・後藤象二郎だった。薩長におくれをとっていた土佐藩の勢力を中央政界で拡大させる道を探っていた象二郎は、長崎で会った龍馬と京へ向かう船中でこの案を聞いて「これだ！」と膝をたたき、その場で海援隊士の一人に書きとめさせた。

「船中八策」と呼ばれるその構想は、政権を朝廷に返上し、天皇のもとに諸侯会議をおいて上院とし、家柄にとらわれずに人材を選んで下院を設ける。そして、上下両院で法の制定や外交をおこない、海軍力の増強や京の守護強化につとめ、金銀交換レートを変更して諸外国と平等に貿易をするというもので、横井小楠の思想も影響しているといわれる。

この案は象二郎の意見として土佐の前藩主・山内容堂に上げられ、慶応三年十月三日、大政奉還の建白書が容堂の名で幕府に提出された。

これによって土佐藩は薩長につぐ大きな勢力となり、維新後も日本のリーダーの一翼をになうことになった。龍馬は根回し役の黒子に徹していたから、慶喜は龍馬の存在などまるで知らなかった。

建白を受けた慶喜は、十月十二日、京にいた幕臣を二條城内に集めて大政奉還を号令。十三日には在京十万石以上の諸藩の重臣たちに大政奉還について諮問したが、それは形式だけで、翌十四日には早くも大政奉還を朝廷に奏上し、十五日に勅許を得た。

二百六十五年におよぶ徳川幕藩体制は、こうしてあっという間に終止符を打った。

慶喜はなぜ、大政奉還の奏上を急いだのか。

じつはそのころ、朝廷では薩長両藩に討幕の密勅を下そうとしていた。

当時の京ではスパイ映画さながらの情報戦が繰り広げられていたから、慶喜はすぐに朝廷の動きを察知し、先手を打って大政奉還を申し出たのだ。

討幕の密勅はその直後に薩長に下されたが、ときすでにおそし。幕府がなくなれば討幕のしようがない。やむなく朝廷は、討幕を猶予するよう薩長に命じた。

慶喜は、ぎりぎりのタイミングで武力倒幕派の動きを抑え込んだのである。

そんなこととは知らない幕臣たちは、パニックに陥って右往左往した。幕府がなくなれば、たちまち路頭に迷ってしまう。あわてて当然である。

「東照宮さま（家康）に、どのように申し開きなさるおつもりか！」

怒り心頭に発した老中が慶喜に詰め寄るという一幕もあった。

一方、大政奉還の実現を知った龍馬は、

「よくぞ決心してくださされた。慶喜公のためならこの命を喜んで捨てよう」

と、海援隊の仲間に語りながら感涙にむせんだという。

幻に終わった二つの新政府構想

大政奉還を朝廷に奏上する前夜、慶喜はブレーンの西周《にしあまね》を二条城に呼び、ヨーロッパの議院制や三権分立の概略について講義させている。

周にはオランダ留学の経験があった。「万国公法」の翻訳者でもある。

慶喜は、大政奉還後の新国家で指導者になることもあり得ると思ったのだろう。そうでなければ、わざわざ外国の政治を勉強しておく必要はなかった。

その後、周は「議題草案」を立案して慶喜に提出した。

そこには、「大君《たいくん》」を国家元首とする新政府構想が記されていた（70頁図3参照）。

大君とは将軍のことだ。当時、諸外国の外交官は、将軍のことを「タイクーン（Tycoon）」と呼び、天皇のことは「ミカド（Mikado）」と称していた。

「議題草案」では、政治・軍事の権力を大君が掌握し、地方は従来どおり諸藩が支配し、江戸は大君が直轄する。

天皇は山城国一国を禁裏御料として支配し、元号、度量衡、叙爵、宗教の長としての権

◆議題草案による政権構想

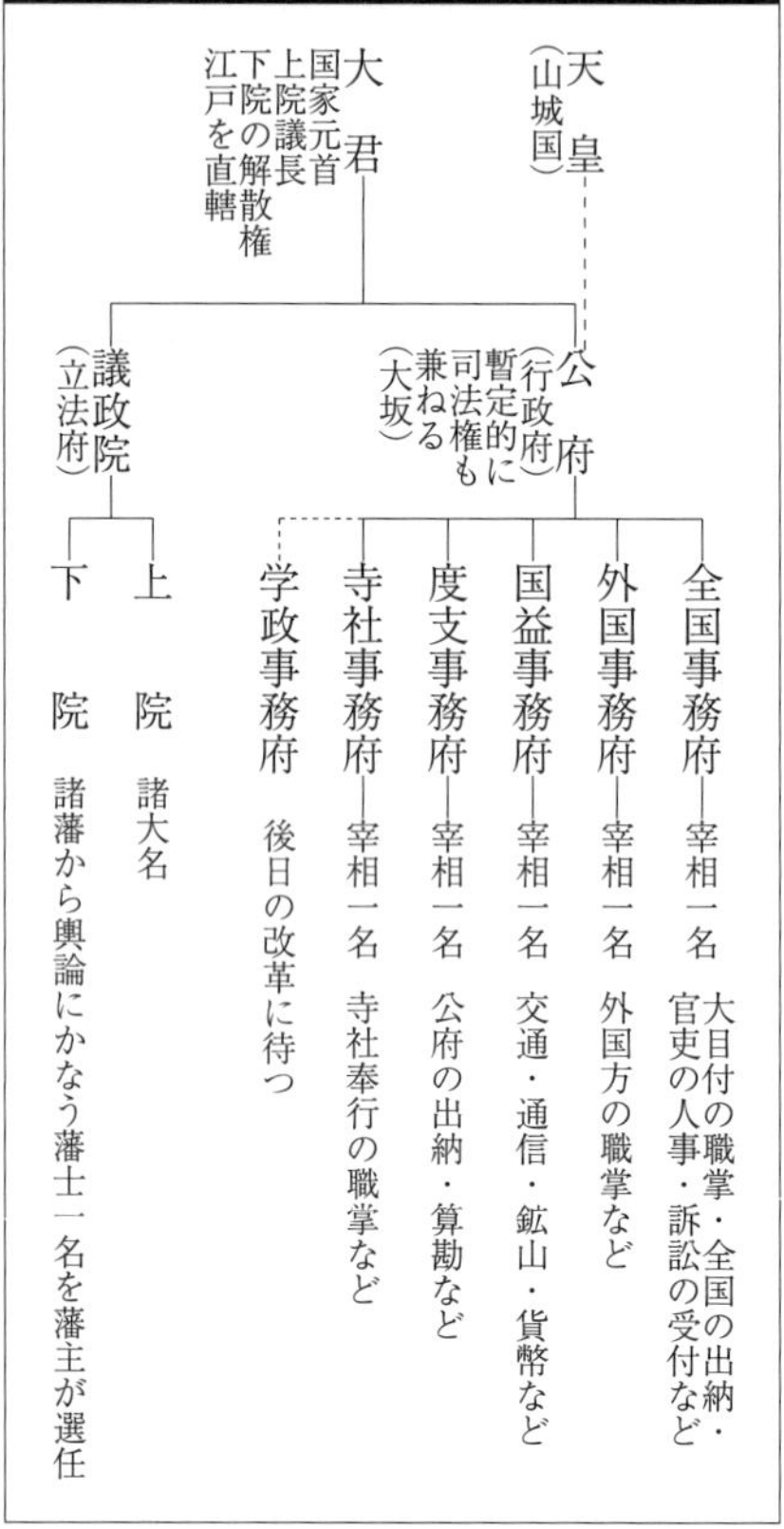

（図3）

限をもつだけで、政治権力はいっさいもたない。

　ひとことでいえば徳川を中心とする新しい統一国家構想だったが、結局、王政復古の大号令によって、この案は実現しなかった。

　一方、同じころ龍馬も新政府構想を立案していた。「新政府綱領八策」がそれで、龍馬自筆のものが二葉現存し、国立国会図書館と下関市立長府博物館に保存されている。

内容は船中八策とほぼ同じだが、表現はきわめて簡略だ。たとえば、船中八策では朝廷と京都の守護強化について「七策　御親兵ヲ置キ、帝都ヲ守衛セシムベキ事」となっているが、新政府綱領八策では「第七義　親兵」と、いたってそっけない。

船中八策の原本は残っておらず、しかも船のなかで書きとめたにしては文章の完成度が高いことから、後藤象二郎の手がかなり入っているのではないかと考えられている。

ところで、龍馬自筆の新政府綱領八策には、最後に次のような一文が添えられている。

「〇〇〇が盟主となり、新政府綱領八項目を朝廷に奏上して天下に公布する」

気になるのは伏字の部分だ。いかにも思わせぶりである。

名前を入れると必ず反対者が出てくると考えたのか、自分がキャスティングボートを握っているとアピールしたかったのか。龍馬の思惑は、いまとなっては確かめようもない。

龍馬は、誰が「盟主」となることを想定していたのか――。

「〇〇〇」の三文字には、土佐の「容堂公」や福井の「春嶽公」が入るのではないかという説もあるが、最も可能性が高い人物は「慶喜公」だといわれている。

容堂も春嶽も優秀なひとだったが、全国的な知名度はいまひとつだ。龍馬は慶喜が大政奉還したことをとても喜んでいたし、政治家としての力量や諸外国への対応という点からいっても、慶喜中心の新政府を構想していたと考えるのが、いちばん自然だろう。

だが、この構想も日の目をみることはなかった。肝心の龍馬が暗殺されてしまったのだ。

龍馬暗殺

龍馬が生涯の最後に会談したのは、幕閣の永井尚志《なおゆき》だった。

尚志は、ペリー来航後に幕府が開設した長崎海軍伝習所の責任者として、勝海舟や榎本武揚らの俊英に西洋式海軍術を学ばせ、育成した。

その後も勘定奉行、外国奉行、軍艦奉行を歴任した能吏だったが、安政の大獄に連座して免職。井伊直弼の死後、京都町奉行として政界に復帰し、龍馬と面談した慶応三年の晩秋には若年寄に昇進していた。

十一月十日朝、龍馬は尚志のもとを訪れて話し込んだ。

同日付の知人あての手紙に、尚志のことを「ヒタ同心」と書いている。「賛同者」という意味である。

尚志も龍馬について、「面白い説を述べる男だ」と日記にしたためている。

十四日夜にも龍馬は尚志のところへやってきて、新政府構想について語り合ったらしい。

「時期尚早ではないか。武力で実現させるようなことになれば朝廷に申し訳ない」

と危惧する尚志に、

「必ず兵力によらず実現できますきに」

龍馬は自信たっぷりに言ったそうだ。

暗殺されたのは、その翌日のことだった。

十一月十五日夜、寄宿していた河原町蛸薬師の醤油商「近江屋」の二階奥座敷で中岡慎太郎と語り合っているところを、二人の刺客に襲われたのである。

刀もピストルも使う余裕がないまま、龍馬は額を横に深く斬られた。部屋にあった屏風や床の間の掛け軸に血しぶきと脳漿が飛び散った。

ほぼ即死に近かったという。行年三十三。

慎太郎は短刀で抵抗したが、防戦一方のまま全身を十数ヵ所斬られた。右腕は皮一枚でつながっているだけという瀕死の重傷を負いながら、駆けつけた仲間に襲撃の詳細を語り、二日後に絶命した。三十歳の若さだった。

当時、龍馬暗殺の犯人は新撰組とされていたが、いまでは京都見廻組説が有力だ。

霊山歴史館には、「龍馬を斬った刀」と伝えられる小太刀が所蔵されている。鳥羽伏見の戦いで戦死した見廻組隊士・桂早之助《はやのすけ》の遺品で、長さは一尺三寸九分（約四二センチ）。はじめから室内での斬り合いを想定し、小太刀を用意したのだろうか。刀身には無数の傷がある。

明治になってから、複数のもと見廻組隊士が龍馬暗殺にかかわったことを告白している。だが、彼らが誰かの罪をかぶってニセの証言をした可能性も、ゼロとはいえないだろう。

見廻組は幕府が組織した警備隊で、新撰組と同様、京都守護職・松平容保に付属していた。むろん、慶喜や容保は龍馬の存在すら知らなかったから、暗殺を命じることはない。

もしも見廻組が犯人だとすれば、皮肉なことに慶喜は、みずからの配下の手で、新政府のキャスティングボートを握る重要な人物を消されてしまったことになる。

暗殺の黒幕は誰か？

龍馬暗殺には黒幕がいたのではないか――。そんな想像から、さまざまな説がささやかれてきた。

そのなかに、「紀州徳川家黒幕説」がある。徳川の末裔としては、いささか気になる。

大政奉還の半年ほど前、大量の武器を積んだ海援隊の「いろは丸」が、紀州藩の軍艦「明光丸」と鞆《とも》の浦（広島県福山市）で衝突し、大破沈没するという事故がおきていた。

龍馬は、この事故を万国公法にもとづいて海難審判にもちこみ、紀州藩を相手に八万両を超える賠償を請求した。一両五万円として計算すると、なんと四十億円。御三家の面目を傷つけられたうえに、とんでもない大金を請求された紀州藩が、賠償金を支払う前に龍馬を殺したのではないか、というのだ。

万国公法そのものは、西周や榎本武揚が海外で勉強してきていたから、当時でもけっこう知られていたと思うが、まだ日本国内では通用しなかっただろう。

だいいち、八万両といえば千両箱八十である。そんな重くてかさばるものを簡単に受け渡しできるとは思えない。幕末に江戸城に泥棒が入ったが、二千両（四千両説もある）持ち出すのがやっとだった。千両箱一つだって、ひとりで持っていけるかどうかあやしい。

「いろは丸」が大量の武器をどこへ運ぼうとしていたのかも謎だ。

当時の武器は、だいたい長崎から入っていた。長州や薩摩へ輸送するなら瀬戸内海を通るはずはない。在京の志士に売るのなら数丁のピストルでこと足りる。まさか江戸に武器を売りに行こうとしたわけでもないだろう。

後年、沈没した「いろは丸」を調査したところ、武器はなにも見つからなかったという。食糧ならともかく、海に沈んだピストルが消えてしまうというのも、おかしな話だ。そのため、「船が沈んでしまったから証拠は何もない、いくらでもふっかけることができると、龍馬は考えたのだ」と言うひともいる。

そうだとしたら、詐欺か「あたり屋」のようなものだ。だが、明らかな詐欺だと立証する証拠もないのである。

ほかにも、龍馬が邪魔になった土佐藩が黒幕ではないかという説があるが、そのころの土佐藩は薩長同様、きたるべき戦争に備えて大忙しだった。そんな余裕のない時期に、わざわざ龍馬を暗殺する必要があったとは考えにくい。

また、親藩の会津藩と譜代の彦根藩が、慶喜に将軍職を返上させた龍馬を憎んで暗殺指令を下したという説もある。

平成十四年、この説を裏付けるような書状が京都で発見され、新聞でも報じられていた。記事によると、この書状は、手代木《てしろぎ》直右衛門《すぐえもん》という会津藩士から彦根藩奉行の石黒伝右衛門にあてたもので、日付は暗殺翌日の十一月十六日付。

「ごく内密に相談したい事件がおこった。祇園の料亭まで出てきてほしい」

と書かれていたという。

書状を書いた直右衛門は、京都見廻組の与頭《くみがしら》・佐々木只三郎《ただざぶろう》の実兄だ。そこから、直右衛門が徳川恩顧の彦根藩と謀って弟に龍馬暗殺を命じたのではないか、書状のなかの「相談したい事件」とは暗殺のことではないか、といわれる。

だが、幕臣である只三郎が、いくら実兄とはいえ一介の藩士から受けた暗殺命令を実行するだろうか。それに、大政奉還そのものは土佐藩が建白したものだ。当時の会津や彦根が、じつは龍馬の発案だったと知っていたかどうか疑問もある。

いずれの黒幕説も「お話」としては面白いが、現実味に欠けている。龍馬は新政府の首班に慶喜を想定していたのだから、薩摩や長州にも動機は充分あったはずだ。

そもそも、正体がわからないから「黒幕」というわけで、わかれば「黒幕」ではなくなってしまう。

斬られるところを見たひとも、斬った本人もこの世にいないのだから、すべては藪の中。だからこそ、龍馬暗殺の真相はいまも歴史ファンを夢中にさせるのだろう。

第三章　長州と薩摩

島津家・毛利家とは江戸時代からの血縁

プロローグでも述べたが、わたしの父方の祖母・知子は、薩摩の島津本家の出身である。知子の父親の島津忠義は、斉彬の異母弟・久光の長男で、斉彬の遺言で島津本家をつぎ、薩摩藩主として明治維新を迎えた。

この忠義公の子孫の集まりが二年に一度ある。忠義の娘たちは宮家や徳川一門、旧大名に嫁いだので、メンバーもその子孫ということになる。

たとえば、忠義の七女・俔子《ちかこ》は久邇宮邦彦《くにのみやくによし》王に嫁いだ。二人のあいだに生まれた良子女《ながこ》王は、昭和天皇のお妃（香淳《こうじゅん》皇后）となられた。したがって、いまの天皇陛下も会のメンバーのおひとりである。平成十五年の七十歳のお誕生日に際し、天皇陛下は「島津氏の血を受けている者」とご自身のことを言い表しておられる。

◆島津家、徳川一門、皇室のつながり

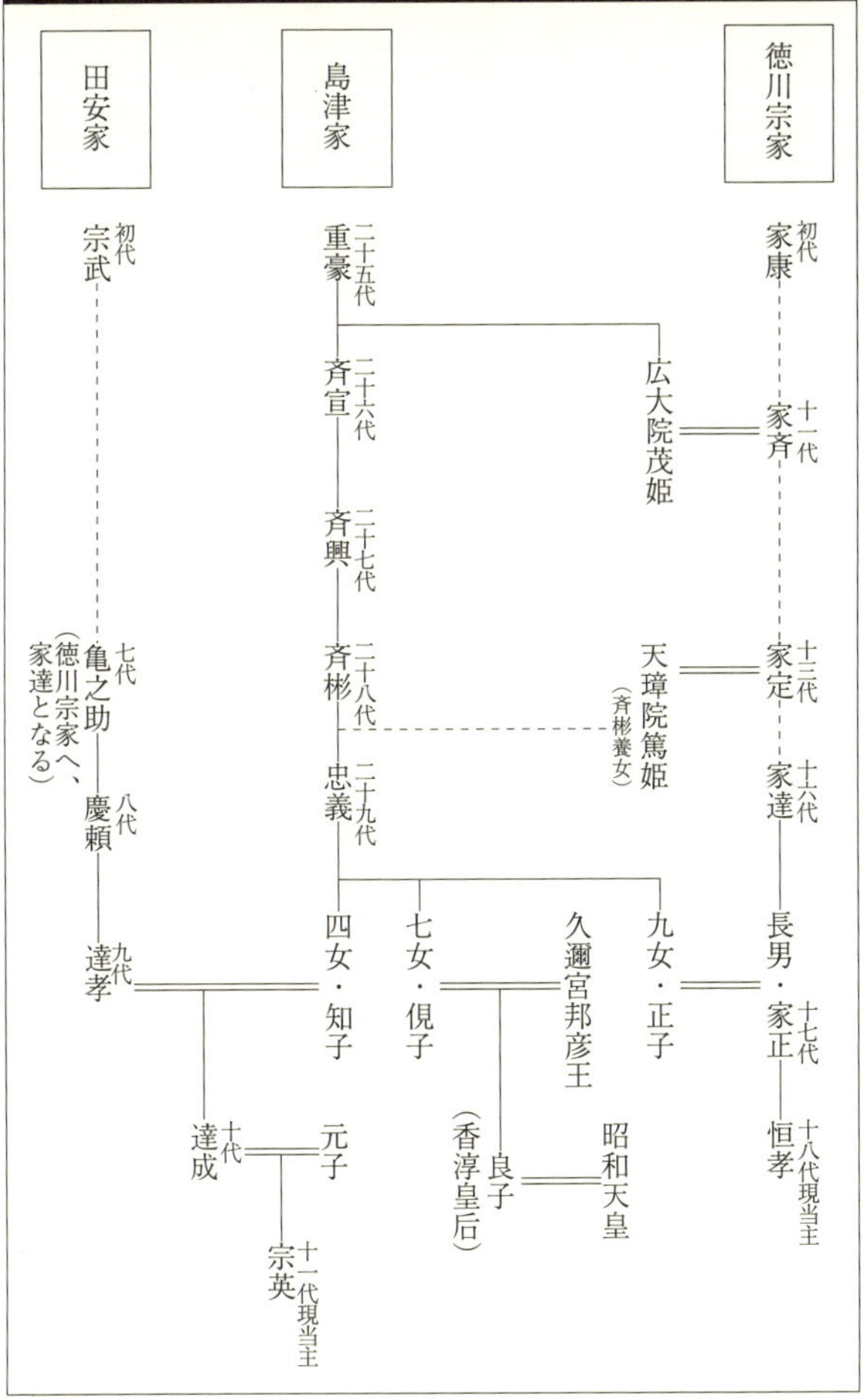
徳川宗家
島津家
田安家
初代 家康
十一代 家斉
十二代 家定
十六代 家達
十七代 長男・家正
十八代現当主 恒孝
二十五代 重豪
二十六代 斉宣
二十七代 斉興
二十八代 斉彬
二十九代 忠義
広大院茂姫
天璋院篤姫
（斉彬養女）
九女・正子
七女・俔子
四女・知子
久邇宮邦彦王
良子
（香淳皇后）
昭和天皇
元子
初代 宗武
七代 亀之助
（徳川宗家へ、家達となる）
八代 慶頼
九代 達孝
十代 達成
十一代現当主 宗英

（図4）

忠義の九女の正子《なおこ》は、徳川宗家十七代当主・家正《いえまさ》に嫁いだ。この婚儀は、天璋院篤姫が遺した強い意向によるものだったともいわれる。

家正は明治の末に外交官となり、大正から昭和にかけてカナダ公使やトルコ大使などをつとめたのち宗家をついだ。太平洋戦争後には、最後の貴族院議長をつとめている。このときの副議長は一橋家当主の徳川宗敬《むねよし》だった。

家正の父親は、江戸城開城に立ち会った十六代家達《いえさと》(わたしの大伯父)で、島津家とゆかりの深い近衛家のお嬢さんを娶った。この結婚も天璋院の希望だったという。

プロローグで述べたように、天璋院篤姫は、島津家から近衛家の養女となって十三代将軍家定のもとに嫁ぎ、幕末の動乱期に「実家」と「婚家」の対立に苦悩した。

家達や家正の結婚のいきさつを、わたしは詳しくは知らないし、忠義公の子孫の集まりで幕末維新の話題が冗談でも出ることはないのだが、天璋院の胸中に、維新後「朝敵」とされた徳川一門と近衛家・島津家との融和を望む強い気持ちがあったことは確かだろう。

結果的に、徳川慶喜や松平容保の孫娘が皇室に嫁ぎ、天皇家との融和も図られてきたことは日本にとってよかったと、地下の天璋院も喜んでいると思う。

徳川家は毛利家ともつながりがある。

江戸時代には、十一代将軍家斉の十九女が毛利家当主の夫人になった。家斉には五十何人か子供がいたので、十九女といっても上のほうだ。

明治になってからは、尾張の徳川慶勝《よしかつ》の娘が、やはり毛利家当主に嫁いだ。尾張徳川家は、江戸城無血開城のとき、官軍の先鋒として城の受け取りに行っている。

また、江戸時代には、親藩では、大河内家、久松家、柳沢家、大給《おぎゅう》家など、いくつかの大名が松平姓を名乗ることを許されていたが、外様では島津家と毛利家の二家にも松平姓を名乗ることが許されていた。

徳川と薩長は犬猿の仲だと思っている方もおられるかもしれないが、決してそんなことはないのである。

皇室に嫁いだ慶喜と容保の孫娘

徳川一門には、徳川宗家、徳川慶喜家、御三家（尾張・紀州・水戸）、御三卿（田安・一橋・清水）がある。徳川慶喜家は、明治三十五年に徳川宗家から分家したものだ。

慶喜の九女・経子《つねこ》は伏見宮博恭王《ふしみのみやひろやす》妃となった。

慶喜家の家督を継いだ七男・慶久の娘の喜久子は、昭和天皇の弟宮である高松宮宣仁《のぶひと》親王のお妃となられた。

また、会津藩主だった松平容保の孫娘にあたる和子は、慶久のあと家督をついだ慶光に嫁いだ。

会津松平家からも皇室に嫁いでいて、秩父宮妃勢津子さまは和子さんのいとこにあたる。

戊辰戦争で「朝敵」とされた徳川一門から皇室にお嫁に入るという「血の交流」には、かつてのわだかまりを水に流すという思惑も、やはりあったらしい。

みんなが仲良くやっていけるように、ということだったのだと思う。

維新後の華族令によって、徳川宗家、慶喜家、水戸家の三家は公爵に叙された。「公侯伯子男」というように、公爵は爵位のうちの最上位で、国家最高の栄誉とされていた。

水戸家ははじめ侯爵だったが、徳川光圀以来、営々と編纂されてきた『大日本史』が明治三十九年(一九〇六)に完成し朝廷に献上されたことにより、公爵に叙された。

大名家で公爵に叙されたのは、島津の本家と分家、それに毛利家の計三家で、数のうえでも、ちゃんと徳川とバランスをとっている。

「賊軍」とされた徳川から最終的に三家が公爵になったのは、流れからしてやむを得なかったのだろう。日本人というのは、なにごともおだやかに丸く収めることを好む。

御三家の尾張徳川家と紀州徳川家は侯爵になり、御三卿は伯爵に叙された。

華族制度は戦後に廃止されたが、旧華族からなる霞会館という団体があり、霞が関ビルのなかに倶楽部をもっている。霞会館の主たる事業は、公益事業として医療・福祉・献血・緑化・教育などへの助成・寄付等と、日本の伝統文化の継承（歌会始の和歌の披講の諸役の奉仕を含む）に収益の大部分を資することである。

かつて、華族のほとんどは学習院で学んでいた。

戊辰戦争で戦ったひとたちの子弟や子孫が同じ教育機関で学ぶというのも、一体感をかもしだすという意味では、うまくできたシステムだったといえる。

大政翼賛のようで、うまくできすぎているような気がしないでもないが、こうやってみんなが仲良くやってきたのだから、世間でよく言われるような「勤王vs佐幕」や「守旧派vs革新派」という図式は、あてはまらない。

誰でもご先祖をたどれば、敵になったり味方になったり、裏切られたり裏切ったり。

そういうことは、時間がたてば自然とおさまってくる。それが歴史というものだろう。

長州の秘密儀式

長州藩では江戸時代を通じて、元旦に秘密の儀式が行われていたという。

新年を迎える日の夜明け前、家老筆頭が藩主の前に進み出て、

「もはや準備は整いました。(倒幕は)いかがいたしましょうか」

とうかがいを立てると、藩主が、

「まだ時機が熟せぬ」

と答えるのが毎年のならわしだったというのだ。

長州の反徳川意識は、関ヶ原の戦い以来のものだった。

戦国最大級の大名だった毛利輝元は、石田三成によって西軍の総大将に担ぎ出されたが、一族の小早川秀秋が東軍に内応。家康の側近・榊原康政から、毛利本家の本領を安堵するという密約を得ていた。

輝元の大軍は大坂城にとどまり、出陣した小部隊も一発も鉄砲を撃たず、小早川軍一万五千の兵が西軍に突撃したことで東軍の勝利が決定的になった。

のちに関ヶ原の布陣を見たドイツの軍事研究家は、

「もし毛利軍が全力で戦っていたら、西軍が勝ったかもしれない」

と言ったというから、徳川が天下を取ったのは毛利一門のおかげ、ともいえるわけだ。

ところが戦いのあと、毛利家の所領は戦前の中国十国百二十万五千石から、周防・長門二国三十七万石へと大幅に削られた。下級藩士は田畑を耕し内職をしても食うや食わずの生活を送り、藩経営にゆきづまった毛利家は領地投げ出しまで考えたという。

辛酸をなめた長州の人々は、子々孫々、「関ヶ原の恨み」を語り継いでいった。

だが、かつての毛利家の所領も、本能寺の変の直後に輝元が秀吉と和睦して「中国大返し」を可能にしたことや、四国・九州征伐の論功行賞で安堵されたものだ。家康としては、「秀吉殿と同じように論功行賞をおこなったまで」

という気持ちだったと思える。

その後、長州藩は新田開発や瀬戸内海の干拓、製糖・製紙などの産業によって財政を立て直し、幕末の実質石高は百万石ほどになっていたといわれる。

しかし、藩が豊かになっても徳川への恨みは消えなかった。それどころか、安政の大獄で吉田松陰が処刑されると、松陰門下の双璧といわれた高杉晋作と久坂玄瑞が、いち早く倒幕に立ち上がった。「関ヶ原の恨み」に「松陰先生の恨み」が加わったのだ。

以後、長州は反徳川のリーダーとして武力倒幕への道を突き進んでいくことになる。

なお、冒頭の秘密儀式はいかにもありそうな話ではあるが、現当主の毛利元敬《もとたか》氏は、「あれは俗説でしょう」と否定されている。

天文学的借金を踏み倒した薩摩藩

長州とともに幕末をリードした薩摩藩も、関ヶ原の戦いで西軍についた。だが、藩主の島津義弘は決死の退却戦で領国にもどり、戦後は家康の側近・井伊直政のはからいで本領を安堵されたため、長州のように深い恨みはなかったと思う。

薩摩藩の総石高は七十七万石だったが、鹿児島には平坦な土地が少なく、桜島噴火の降灰や風水害も多いため、実高はその半分ほどで、慢性的な赤字だった。

宝暦年間には、幕府から命じられた木曾川の治水工事に多額の出費を強いられ、藩財政はさらに悪化したが、藩主・島津重豪《しげひで》の娘の茂姫が十一代将軍家斉の御台所《みだいどころ》（正室）になっていたこともあり、徳川との関係が悪化することはなかった。

外様大名が将軍の舅になるのは前代未聞のことで、藩では輿入れの費用や将軍家・諸大名との付き合いに湯水のように金を使った。そのうえ、「蘭癖《らんぺき》（西洋かぶれ）」と呼ばれた重豪は、明時館（天文館）や医学院などの近代的な施設を次々とつくった。

重豪の開化政策は高く評価されているが、藩の借金はかさむ一方で、大名貸し（蔵米を担保に大名に金を貸す豪商）にも愛想をつかされ、市井の高利貸しから借金するはめになってしまった。いまでいえば、地方自治体がサラ金に手を出したようなものだ。

借金総額はいつのまにか五百万両（一両五万円として約二千五百億円）に膨らみ、利払いだけで年に六十万両（約三百億円）にも達した。当時の幕府の財産四百万両をはるかに上回る額だ。

ここでようやく、財政再建の切り札が登用される。下級藩士の調所笑左衛門《ずしょしょうざえもん》だ。

笑左衛門がとった策は、二百五十年かけて五百万両の借金の元金だけを返済し、利子は踏み倒す、というものだった。壮大な計画というべきか、奇策というべきか……。

債権者の不満を強引に押さえ込み、砂糖や生蠟などの特産品の専売体制を強化し、密貿易にも力を入れるなど起死回生の策を連発した結果、財政改革をはじめてから十年ほどで五十万両以上の備蓄金をもつほどになったというから、笑左衛門の手腕はたいしたものだ。

ところで、二百五十年がかりの借金返済は、その後どうなったのだろう。返済計画が発表されたのは天保六年（一八三五）だから、まだ七十年以上残っているはずだ。

結局は、維新後に薩摩藩がなくなった時点で「返済終了」になった。

廃藩置県は薩摩と長州の主導で非常にスムーズにおこなわれたので、諸外国がびっくりしたのだが、藩の借金を政府が肩がわりするということだったので、どの藩も廃藩置県を大歓迎していた。

藩がなくなれば、幕末に抱え込んでいた膨大な借金を、すべて帳消しにできたからである。

薩摩藩を二分した「お由羅騒動」

開明派の大名として知られる薩摩藩主・島津斉彬《なりあきら》は、天文学的借金をつくった重豪のひ孫だ。その聡明さを重豪から愛され、蘭癖の影響を強く受けた。

斉彬は島津本家の嫡男で、若いころから家臣の信望も厚かったのだが、なかなか藩主になれなかった。父の斉興《なりおき》が、側室のお由羅《ゆら》が産んだ三男の久光にあとをつがせたいと考えていたからだ。

お由羅は色白のあでやかな美女で、斉興の寵愛を一身に受け、奥向きで権勢をふるった。

「殿は鼻下長《びかちょう》の大愚州《だいぐしゅう》だ（お由羅の色香に迷って鼻の下をのばしたバカ殿だ）」

家臣たちは、そうささやいたという。

そのころ、斉彬の嫡男と次男が相次いで病没した。次男の部屋の床下からは、まがまがしい呪詛の人形が発見されたという。

「久光派が呪いをかけて、斉彬さまのお世継ぎをつぎつぎと抹殺しているのだ！」

斉彬派の家臣たちは、いきり立った。世にいう「お由羅騒動」の勃発である。

誤解のないよう付け加えると、斉彬と久光は不仲ではなかった。お家騒動というのは、周りのご家来衆が自分たちの立場を守るためにおこることが多いのである。

直木賞で有名な直木三十五の『南国太平記』は、この騒動をテーマにした小説で、お由羅に呪いをかけられた斉彬の子が死んでいくようすがオカルトチックに描かれている。このような呪詛の風習は大奥にもあったらしい。

島津斉彬

「久光一派に天誅を加えるべし」

斉彬派の家臣たちはひそかに暗殺計画を練りはじめたが、謀議はすぐに斉興に察知され、五十名以上の藩士に切腹、遠島、免職、蟄居などの処分が下された。

これで久光の次期藩主就任は決定したかに見えた。ところが――。

召されて江戸城に参上した斉興は、将軍家慶から茶器の名品を与えられて愕然となった。

将軍が武家に茶器を与えるのは、

「そろそろ、そちも隠居して、のんびり茶など楽しんではどうじゃ」

という、体のいい〝肩たたき〟なのだ。

じつは、お由羅騒動に憤慨した薩摩藩士が、斉彬の大叔父にあたる福岡藩主の黒田長溥《ながひろ》に訴え出ていた。長溥の報告を受けた老中首座の阿部正弘は、斉彬の実力を高く評価し、その才能を必要としていたため、将軍に進言して斉興を隠居させたのだった。

嘉永四年（一八五一）、斉彬は四十三歳にしてようやく藩主の座についた。

以後、亡くなるまでの約七年半のあいだに、城下に建設した「集成館」と呼ばれる工場群で、洋式造船、製鉄、洋式銃や大砲など火器の製造、ガス灯や電気通信の研究など多岐にわたる事業をおこなった。また、藩内に騎兵隊や海軍をつくり、フランスの騎兵操典やイギリス海軍の諸制度の研究も進めて軍隊の近代化を図った。

西郷隆盛は一橋派の隠密だった

薩摩藩の島津斉彬、福井藩の松平春嶽、宇和島藩の伊達宗城《むねなり》、土佐藩の山内容堂は、「幕末の四賢侯」と呼ばれる。なかでも斉彬は抜きん出た存在だ。

海外情勢に敏感な斉彬は、藩主になる九年も前に独自のルートでアヘン戦争の情報を手に入れ、列強の脅威から日本を守る道は富国強兵と殖産興業以外にないと考えていた。その慧眼は阿部正弘に信頼され、ペリー来航の前後にはいろいろと相談を受けている。

また、斉彬は門閥にとらわれず、有能な人材を藩の要職に登用した。

蘭書の翻訳で集成館事業に貢献し、維新後は外務卿となった寺島宗則。

精忠組の領袖として活躍し、明治新政府では富国強兵策を推進した大久保利通。

得意のオランダ語で藩の貿易振興に尽くし、のちに関西財界の大立者となった五代友厚。

ライフル銃を研究し、明治期に「村田銃」を完成させた村田経芳《つねよし》。

最も有名なのは西郷隆盛で、郡の収税書記官見習いをしているとき斉彬に見出され、藩主直属のお庭方《にわかた》（諸藩の動向を探る隠密）に任命された。

幕末維新という日本の転換期は、戦国時代の「下剋上」を再現したような時代だったと思う。上を倒す手段が、槍や刀から頭脳や技術に変わっただけだ。

一介の下級藩士からお庭方に大抜擢された隆盛もそうだし、大久保利通しかり、長州の伊藤博文や山縣有朋もまたしかり。幕末から明治にかけて活躍したひとびとは、ほとんどが下級武士出身だった。

いわば、足軽から天下人になった秀吉が一挙に何人も並び立ったようなものである。

勝海舟や坂本龍馬も、何代か前のご先祖が御家人や郷士の株を買っていた。これも、社会のシステムを利用した一種の下剋上といえるのではないだろうか。

さて、隠密という役割を通して駆け引きや本音を引き出す術を学んだ隆盛は、やがて、斉彬の養女・篤姫が将軍家に輿入れをするための準備を任された。

十二代家慶はペリーの初来航直後に他界し、世子の家定は二人の御台所を相次いで病で失っていた。薩摩からは重豪の娘が家斉に輿入れした先例があるため、大奥から島津家に、「ふさわしい娘はいないか」と問い合わせがきていたのだ。

斉彬としては願ってもない話だった。一橋家の慶喜を家定の次の将軍に擁立し、雄藩と協力して幕府を建て直し、諸外国に対処するという壮大なプランをもっていたからだ。

白羽の矢が立ったのは、島津一門の娘・篤姫だった。健康で利発、性格は温和で忍耐強く、人に接するのもたくみな篤姫に、斉彬はひと目で惚れこんだという。

当時、慶喜の対抗馬として紀州の徳川慶福《よしとみ》（のちの家茂）の名もあがっており、彦根藩主の井伊直弼は、大奥とともに慶福を推していた。これを南紀派という。

ペリーが来航した嘉永六年の時点で、慶福はまだ八歳だったが、将軍家との血のつながりの近さからいえば有利だった。

一方の慶喜は十七歳で、英明なことは広く知られていた。斉彬のほかに阿部正弘、松平春嶽、伊達宗城、実父で前水戸藩主の徳川斉昭も慶喜を推していた。これを一橋派という。

十八歳の篤姫は、一橋派の勢力を大奥に拡大するという難しい使命を負って江戸へと旅立った。だが、各地で天変地異が多発したため婚礼は何度も延期され、ようやく御台所となったとき、篤姫は二十一歳になっていた。

婚礼のしたくいっさいを取り仕切っていた隆盛は、大張り切りで指揮をとった。簞笥や長持などが一日に六十棹ずつ、一週間ぶっつづけで江戸城に運び込まれたそうだ。

さらに隆盛は、一橋派の勢力を広げるために大奥工作や諸大名の説得に走り回った。のちに慶喜を亡き者にしようとした隆盛が、このときは慶喜を将軍にするための裏工作に奔走していたのだ。歴史というのは、じつにさまざまな過程を経て展開していく。

結局、一橋派の工作は成功しなかった。篤姫の輿入れからわずか二年のうちに、阿部正弘、島津斉彬、将軍家定が相次いで急死してしまったからだ。大老に就任した井伊直弼は将軍家茂を誕生させ、一橋派や反幕府勢力を弾圧した（安政の大獄）。

薩摩では、斉彬の遺言で久光の長男・忠義が藩主となったが、実権は久光が握った。斉彬の死に茫然自失した隆盛は、安政の大獄でも窮地に立たされ、一橋派の僧・月照と錦江湾で入水自殺を図ったが、奇跡的に隆盛だけは助かり、奄美大島に三年間身を隠した。その後は幼なじみの大久保利通とともに藩をリードしていくが、開明派の斉彬に心酔していた隆盛は、保守的な久光とは最後まで反りが合わなかった。

二十三歳で未亡人となり、たのみとしていた養父まで失った篤姫は、どれだけ嘆き悲しんだことだろう。故郷に帰って静かに暮らすこともできたはずなのに、落飾して天璋院と称してからも大奥にとどまり、薩摩の土を踏むことはなかった。

そして幕府の終焉に立ち会い、徳川家の存続に大きな役割を果たしたのである。

長州は「開国」を藩論とした時期があった

幕末の長州は「過激な攘夷派」のイメージが強いが、「日本はすすんで開国すべきだ」と説いた人物もいた。藩の重臣・長井雅楽《うた》である。

雅楽が唱えた開国論は「航海遠略策《こうかいえんりゃく》」といわれ、藩主・毛利敬親《たかちか》に提出した意見書の内容は次のようなものだった。

「幕府が無勅許で外国と通商条約をむすんだことは不都合だったが、条約を破棄すれば列強との戦争は避けられず、日本に勝ち目はない。それでは朝廷の権威を失墜させてしまう。鎖国に固執せず積極的に海外進出し、通商で得た富で軍備を充実させるよう勅命を下せば、日本は天皇の権威によって世界の覇権を握る強国となるだろう」

開国を認めている点では幕府寄りだが、朝廷の顔も立てている。

敬親は、これを長州の藩論にすることにし、

「航海遠略策を今後の日本の方針とするよう、朝廷と幕府を説得せよ」

と雅楽に命じた。

雅楽の建白は朝廷にも幕府にも歓迎され、長州は政界に勢力を広げた。

ところが、藩内の攘夷論者から猛反発がおこった。久坂玄瑞は、

「外国と締結した条約をすべて破棄し、攘夷をすぐに決行して鎖国にもどすべきだ」

という「破約攘夷論」をとなえ、雅楽の意見は孝明天皇を誹謗するものだと糾弾した。

これで長州の藩論は破約攘夷にひっくり返り、朝廷も玄瑞に扇動されたかたちで航海遠

略策を退けた。そのため雅楽は失脚し、切腹を命じられてしまった。

無念の雅楽は介錯人を断り、みずから腹と喉を掻き切って四十四年の生涯を閉じた。

かなり過激な話だが、藩主の敬親が本当に切腹を命じたのかどうかはわからない。破約攘夷論者の息のかかった連絡役が「殿のご命令だ」と言えば、それで通ってしまうからだ。

敬親は、家臣が意見を上申すると決まって「そうせい」と許可を与えていたため、陰で「そうせい侯」と呼ばれていた。

無能な殿さまという批判もあるようだが、いくらなんでもそれは言い過ぎだ。上司から「そうせい」と言ってもらえれば部下は動きやすいし、優秀な部下さえいれば、これほど間違いのないやり方はない。

敬親は、家臣の意見が筋の通ったものか判断したうえで「そうせい」と言ったのだろう。愚にもつかない意見なら、むっつり黙りこむ。家臣たちは意見を充分に練ってくるようになるから、敬親はいつも「そうせい」と答える——ということだったのだと思う。

孝明天皇拉致計画と第一次長州征伐

薩摩の島津久光が幕政改革を迫って江戸城に乗り込んだのは、航海遠略策が朝廷に歓迎されていたころだ。

江戸に向かう前、久光は京に潜んでいた自藩の過激派を粛清している。この寺田屋事件によって、京での薩摩人気は一気に高まり、長州の人気は落ちてしまった。

長州が航海遠略策をひっこめて破約攘夷を朝廷に建白したのは、人気巻き返しの意図もあったかもしれない。孝明天皇が破約攘夷を採用すると、京の政界は長州の天下となった。江戸での成果をひっさげて意気揚々と京にもどった久光は、朝廷に冷たく迎えられ、憤懣やるかたなく薩摩に帰っていった。

朝廷を掌握した長州は、孝明天皇の大和行幸を計画する。神武天皇陵や春日大社などで攘夷祈願をしていただいたあと、天皇みずからが軍議を開き、諸藩の兵を召集して攘夷を断行するというプランだった。攘夷は本来、征夷大将軍の仕事だが、このころには将軍本来の役割をみな忘れてしまっていた。

孝明天皇は幕府に攘夷をやってほしかっただけで、みずから軍勢を指揮するお気持ちはなかっただろう。公卿たちも、長州のやり方は過激すぎると思っていたようだが、正面きって抗議できなかったため、中川宮朝彦親王が薩摩藩に相談した。

長州勢におされて出る幕がなかった薩摩藩は、すぐさま会津藩と協力して大和行幸を阻止し、京から尊攘過激派を一掃することを画策。文久三年（一八六三）八月十八日、長州とむすんでいた三條実美《さねとみ》らの公卿や、御所を守っていた長州藩士の参内を禁じ、京から追放してしまった（八月十八日の政変）。

長州藩士たちはすぐ京に舞いもどり、失地回復の機会をうかがっていたが、翌元治元年六月、他藩の志士たちと京の旅籠「池田屋」に集まっていたところを新撰組に襲撃され、斬殺・捕縛された。

このとき志士たちは、御所に放火して京都守護職の松平容保を暗殺し、天皇を拉致して長州に連れ去る計画を練っていたという。

新撰組が拷問で白状させたことだから真偽のほどは定かではないが、もしも真実だとしたら、もはや「尊王」とはいえないのではないか。当時、尊攘過激派は天皇を「玉《ぎょく》」とみなし、他藩を出し抜いて玉を奪おうと躍起になっていたともいわれる。

池田屋事件のあと、長州を中心とする尊攘派の志士たちは「薩賊会姦《さつぞくかいかん》」をスローガンにかかげて続々と京に集結し、七月十九日、会津藩が守る蛤御門《はまぐりごもん》めがけて殺到した。禁裏御守衛総督の慶喜が大活躍した禁門の変である。

長州勢は会津・桑名・薩摩など諸藩の兵隊に撃退され、久坂玄瑞は自刃した。

思えば、平安末期の保元《ほうげん》の乱でも、別々の宮殿に住まわれていた後白河天皇と崇徳《すとく》上皇の配下の武士たちが、互いに相手の宮殿へ押しかけて戦争が勃発した。

長州は天皇を奪おうとしただけで、戦争をするつもりはなかったかもしれないが、天子のおわす場所に大勢の兵隊が駆けつければ、どうしても戦争になってしまうのだ。

孝明天皇から長州追討を命じられた幕府は、将軍家茂を総大将とし、十一月十八日を総攻撃の開始日と決めて、十五万の大軍で長州藩を包囲した。

一方、長州では、藩政を牛耳っていた尊攘推進派の周布《すふ》政之助が自害。代わって実権を握った保守派は、朝廷と幕府に恭順を示すために、益田《ますだ》右衛門之介《うえもんのすけ》、国司《くにし》信濃《しなの》、福原越後《ふくはらえちご》の三家老に切腹を命じた。家老といっても一万石以上の禄を与えられていた大名なみの大家だった。

三家老の首は、広島にいた征長総督・徳川慶勝《よしかつ》（前尾張藩主）のもとに送られた。こうして、幕府軍の総攻撃は中止されたのだった。

ところで、わたしは学習院時代、禁門の変で首を斬られてしまった三人のご家老のうち、益田さんと国司さんのご子孫と奇遇にも同級だった。

子供のことだから、遊んでいるうちにちょっかいを出してくることもある。

国司信濃

それでわたしが怒ると、国司さんがふざけて、

「殿、ご乱心！」

という言葉をかけてきて、戸惑ってしまった思い出がある。

倒幕派の加賀前田家一族のご子孫も同級だった。特別な意識はなく、ごく普通にお付き合いしていた。

ところが、学校の国史（日本史）の授業では幕末維新のところがうやむやのうちに終わってしまい、黒船来航から明治政府発足に話が飛んでいた。

当時、幕末維新は遠い昔の話ではなかった。授業で教えれば、生徒のひいじいさんあたりの名が倒幕佐幕入り乱れて出てきてしまう。ご先祖批判になりかねないということで、先生方が気をつかわれたのだろう。

長州と薩摩のしたたかな現実主義

禁門の変のあと、長州は英米仏蘭の四国艦隊に下関を砲撃され、甚大な被害を受けた。そもそもこの事件は、前年（文久三）の五月十日に長州藩が下関海峡を通過する外国船を砲撃したことへの仕返しだった。五月十日は家茂が朝廷に約束した攘夷決行の日だったが、それを真に受けて攘夷を決行したのは長州だけだ。

ところが同じころ、長州は井上馨《かおる》、伊藤博文ら五人の藩士をイギリスに密航させ、西洋の知識をひそかに学ばせている。

藩の上のほうのひとたちが、海外のことを知らなければ攘夷はできないと考えたのかもしれない。あるいは、当時の長州にとって攘夷とは、自分たちが叡慮（天皇の意思）を奉じていることを国内に示すデモンストレーションでしかなかったのかもしれない。

いずれにせよ、新しい開国の時代がすぐにやって来ることを確信して、下級藩士に西洋文明を学ばせようとしたのだろう。「攘夷」はマニフェスト（宣言）であってコントラクト（公約）ではないから、状況が変われば方向転換の舵をすぐに切らなければならない。そういう複眼的なものの見方ができたからこそ、維新のリーダーになれたのだと思う。

四国艦隊に攻撃されたときには、高杉晋作が組織した奇兵隊も出動した。奇兵隊の特徴は、門閥にこだわらず農工商からの入隊も認めたことだ。藩内にはほかにも同様の軍隊がいくつも結成されていた。

だが、なにしろ禁門の変で藩兵が敗走してきた直後のことで、あえなく降伏。

その年の暮れ、晋作は決起して保守派を倒し、藩政を握った尊攘過激派は大村益次郎を登用して軍制改革を進めていった。

余談になるが、高杉晋作は破天荒なひとだった。京で将軍家茂の行列に向かって、

「いよっ、征夷大将軍！」

とヤジっている。江戸時代を通して、将軍にこんな不埒なふるまいをしたのは晋作だけだ。藩内で決起したときは、紺糸縅《こんいとおどし》の小具足に桃形の兜という派手ないでたちで現れ、

「長州男児の肝っ玉を見せてやる」

と高らかに宣言したという。

さて、薩摩藩のほうでは、長州が攘夷を決行した同じ年に薩英戦争が勃発している。島津久光が江戸城に乗り込んだとき、帰り道でおこした生麦事件が原因だった。

錦江湾に集結した英国艦隊は、最新式アームストロング砲で薩摩を圧倒したといわれるが、実際には撃つと多くの砲身が爆発してしまい、海も荒れていたため、天保山の砲台ま

でどいた砲弾はわずかだった。

薩摩の砲撃は敵の旗艦「ユーリアラス号」に命中して艦長戦死など大損害を与えたが、英国艦隊はロケット弾で反撃し、鶴丸城下の一割が焼け野原となってしまった。

結局、イギリスへの賠償金二万五千ポンド（約十万ドル）は幕府が支払った。このあと、薩摩はかえってイギリスと親密になり、留学生を送るようになる。

その後も薩摩は会津と協力して長州勢力を叩いた。第一次長州征伐では西郷隆盛が幕府軍の参謀をつとめたほどだ。長州にとって、薩摩と会津は不倶戴天の敵だった。

それが一転して薩長同盟・倒幕へと方向転換したのはなぜか。

薩長ともに外国相手の実戦で軍事力の差を痛感し、軍備の近代化に努めるようになったことや、留学生を通じて大国イギリスに接近したことが、大きなはずみとなったのだろう。

長州にとっては、薩長同盟をむすべば薩摩名義で外国から武器を購入できるという「うまみ」があった。薩摩には、徳川家への忠誠を藩是とする会津と手を組んでいるよりも、軍制改革が進む長州と連携するほうがいいという判断もあっただろう。

薩長には、「日本の新リーダーとなるためには過去にこだわらない」という割り切りのよさ、切り替えの早さ、したたかともいえる現実主義があったのではないか。

薩摩の挑発に乗った徳川――薩摩藩邸焼き討ち事件

大政奉還後、徳川慶喜の存在感が急速に増したことは、すでに第一章で述べた。

このまま慶喜が政界の中心を占めることを恐れた西郷隆盛は、倒幕のきっかけをつかむために強引な手段で幕府を挑発した。

浪士や博徒の集団に、わざわざ薩摩を名乗らせたうえで、辻斬り、強盗、放火などの悪辣な犯罪を江戸市中でつぎつぎとおこさせたのだ。

慶応三年十二月二十三日には、浪士たちが大胆不敵にも江戸城に放火し、天璋院が住んでいた二の丸を全焼させた。ちなみに、田安屋敷は慶応元年に焼けてしまい、当主の徳川慶頼《よしより》は清水屋敷に移って、田安屋敷としていた。

当時、幕閣のほとんどは京大坂に詰めていたが、江戸城の守りは堅い。放火した浪士たちは、いったいどうやって忍び込んだのだろう。内応する者がいたとしか考えられない。

さいわい、天璋院は避難して無事だったが、ついに徳川方も堪忍袋の緒が切れた。

十二月二十五日、江戸の警護にあたっていた庄内藩ほかの諸兵が三田の薩摩藩邸を取り囲み、下手人を引き渡すよう使者を送り込んだ。ところが、薩摩方がその使者の首を刎ねるという暴挙に出たため、徳川方は薩摩屋敷を砲撃し、全焼させた。

明治中期に幕末の古老の話を集めた『幕末百話』によると、このとき徳川方は薩摩屋敷をぐるりと包囲していたのに、なぜか田町のほうを一方あけてあったという。

薩摩浪士たちは品川から船で逃げたが、お庭方の益満休之助《ますみつきゅうのすけ》はとらえられた。隠密なら逃げ足は誰よりも速いはずなのに、休之助は簡単に捕まっている。しかも、その場で自害することも斬り捨てられることもなく、勝海舟の預かりとなった。

これもじつに奇妙なことだ。

「益満はこの先もいろいろと使える男だから、よろしく」

隆盛と海舟のあいだで、そんな裏取引があったのだろうか。

諸々の状況から考えると、この一連の事件は、海舟と隆盛の二人がすべて仕組んだものだった、という仮説も成り立つかもしれない。

隆盛のやり方はちょっと卑怯だったが、戦争をおこす大義名分がほしかったのだ。

「自分たちの手で幕府体制を壊したい」という思いが高じて、あともどりできなくなっていたのかもしれない。人間というのは、思い詰めるとそういう心理になることがある。

仮に、海舟と隆盛が江戸城放火事件や薩摩藩邸焼き討ち事件を仕組んだのだとしたら、二人はなにを目論んでいたのか。

「事件を引き金にして幕府軍と倒幕軍を戦わせ、内戦に一刻でも早く決着をつけて新たな政治体制づくりを急がなければ、列強につけこまれて日本は植民地にされてしまう」という大きな視座でこの国のことを考えていた、という可能性もある。

薩摩藩邸焼き討ち事件の知らせは、三日後に慶喜のいる大坂城にもたらされた。

城内には、「薩摩討つべし!」の怒号が渦巻いた。

もはや慶喜もこれを抑えることはできず、慶応四年正月二日朝、薩摩の陰謀を朝廷に訴えるために兵を率いて大坂城を出発した。

鳥羽伏見の戦いが勃発するのは、その翌日のことである。徳川方は薩摩の挑発にまんまと乗り、敵の思うツボにはまってしまった。

第四章　幕閣・幕臣

幕府はペリー来航を一年前から知っていた

「ついにやってきたか」

嘉永六年（一八五三）六月三日深夜、浦賀奉行から江戸城にとどいた「黒船あらわる」の一報に、老中首座の阿部正弘は唇をかみしめた。

じつは正弘は、アメリカが開国を求めて日本にやってくることを、一年も前から知っていたのである。

徳川幕府は三代家光以来の長い鎖国で平和ボケになり、無策でペリー艦隊を迎えた――とよくいわれるが、それは誤解。

そもそも、家光のころに「鎖国」という言葉はなかった。この言葉が歴史に登場したのは、江戸時代も後期になってからの享和元年（一八〇一）、十一代家斉の時代だった。

発端は、元禄期にオランダ東インド会社の医官として長崎にやってきたドイツ人ケンペルが、帰国後に日本での見聞をまとめた『日本誌』のなかで、

「日本はオランダのみと交渉をもち、閉ざされた状態だ」

と指摘したことだ。

余談だが、ケンペルは江戸を視察したとき、市中をうろつく野犬の群に追い回された。ところが幕府の役人は、守ってくれるどころか、ただぼんやりと見ているだけだ。

「なにをしているのだ、はやく犬どもを追い払ってくれ！」

ケンペルは悲鳴をあげたが、

「命がけでやれと申されるのか」

と、逆に食ってかかられてしまった。当時は五代綱吉の時代で、「生類憐みの令」が発せられていた。おかげでケンペルは、お犬さまにガブリと噛まれてしまったらしい。

閑話休題。このケンペルの『日本誌』がのちに和訳されたとき、オランダ通詞（通訳）が「鎖国論」と題をつけた。以後、「鎖国」という言葉が今日まで一人歩きをするようになってしまったのだが、江戸時代を通じて幕府が完全に国を閉ざしたことは一度もない。

一般人の海外渡航は禁じられていたが、幕府はオランダのほかに、以前から通商のあっ

た中国（はじめは明だったが、すぐ清になった）とも、ずっと貿易を続けた。

朝鮮とも、対馬藩を窓口として年間一万両を超えるくらいの貿易をしていた。朝鮮駐在の日本の役人は一万坪ほどの治外法権の土地に住み、朝鮮からは将軍の代替わりごとに慶賀のための通信使（外交使節団）が派遣されていた。

薩摩藩の支配下にあった琉球からも、国王の代替わりごとに、その就任を感謝する謝恩使が来ていた。

ほかにも、薩摩藩は琉球を介して清国と、加賀藩は樺太を中継地としてロシアと密貿易をしていたし、蝦夷地の松前藩では米がとれないためアイヌとの交易権を家臣に禄として与えていた。密貿易の良し悪しは別として、海外に開かれた窓は意外と多かったのだ。

さらに幕府では家光の時代から、オランダ商館長から毎年提出される「風説書」という報告書によって、海外情報を正確に把握していた。

十九世紀半ばに隣国の清でアヘン戦争（一八四〇〜四二）が勃発すると、危機感を強めた幕府は「風説書」とは別に、各国の動向や大国の軍備の実態などを詳細に記した「別段風説書」と呼ばれる重要機密報告書も提出させるようになった。

正弘は、この「別段風説書」によって、アメリカ艦隊の来航を事前に知ったのである。

「徳川の幕閣は、海外にまったく目を向けようとしない旧弊なじいさんばかり。士農工商の身分制度や鎖国などで、江戸時代というのは息が詰まるような時代だった」などと言われることがあるが、けっしてそんなことはない。

幕府の国際情報収集力は、比較的高かった。「日本人に国際性がないのは鎖国のせいだ」という通説も、近年では歴史家のあいだで見直されている。

幕府開闢以来の出世頭、阿部正弘

江戸時代を通じて最も出世した幕閣といえば、五代将軍綱吉に仕えた柳沢吉保と、幕末の老中首座・阿部正弘の二人だろう。

柳沢吉保は、禄高百六十石の中級武士から身をおこし、本来は徳川一門しか藩主になれない甲府藩十五万余石を治める大大名になったうえ、松平姓を名乗ることを許され、大老格のあつかいをうけた。

大老というのは非常時に老中の上におかれた役職だ。大老の決めたことには将軍でさえ黙って従い、御三家・御三卿も会釈するほどの権威を誇る、現代でいえば大統領級の権力者だった。

ただ、吉保がここまで昇り詰めたのは四十七歳のとき。スピード出世という点では、阿部正弘にとうていかなわない。

十八歳で譜代の名門・備後福山藩十一万石の藩主となった正弘は、奏者番から寺社奉行という幕閣の出世コースを順調に歩み、朝鮮通信使の饗応役や久能山東照宮の堂宇修繕監督などの重職をつとめたのち、二十五歳の若さで老中の座についた。

徳川幕府はじまって以来、最年少の老中の誕生だった。

阿部正弘

むろん、自分から老中になれるわけではない。当人の実力もさることながら、正弘の人となりをよく観察して才能を見出した幕府の重鎮が偉かったのだ。

幕府期待の星として颯爽と中央政界に躍り出た正弘は、二十七歳で老中首座に昇った。これも江戸時代を通じた全老中のなかで最年少記録だった。

幕末に活躍したひとたちはみな若かった

が、老中首座といえば、いまの総理大臣のようなもの。その座に二十七歳（満二十五歳）でつくとは驚きである。

薩摩藩のお由羅騒動を逆手にとって島津斉彬を藩主に据えたように、どんな揉め事もうまくまとめてしまう正弘は、「収拾の天才」ともいわれる。

海外事情に明るい斉彬なしでは、これからの日本の政治は立ちゆかないという思いが、正弘にはあった。お由羅騒動のようなローカルな事件で薩摩藩を潰してしまうより、斉彬を藩主に据え、その意見を国政に反映させるほうが国の利益になる――。

当時としては非常にグローバルな視点で日本全体のことを考えていたのだった。

頭の固い幕閣、頼りにならない旗本

「近いうちに、アメリカが開国と通商を求めて日本にやってくるだろう」

嘉永五年、「別段風説書」に記された一文に衝撃を受けた正弘は、すぐに対策を講じようとしたが、幕閣たちの反応はにぶかった。

業を煮やした正弘は、尾張の徳川慶勝《よしかつ》、水戸の徳川斉昭、長崎警備を担当する福岡藩の黒田長溥《ながひろ》と佐賀藩の鍋島閑叟《かんそう》、海外事情に通じた薩摩藩の島津斉彬に、この情報を伝えて意見を求めた。

幕政に関与しないことが不文律となっていた御三家や、外様大名にまで意見を求めるのは異例中の異例だったが、結局、充分な対策を練ることはできず、三浦半島の防備を強化するくらいの策しか打てぬまま、ペリー艦隊を迎えることになってしまった。

当時、日本に接近しようとするヨーロッパ船の多くは、幕府の顔を立てて長崎に来ていたのだが、後発のアメリカは他国を出し抜き、幕府の中心めがけて江戸湾に進入した。

そのうえペリーは、アメリカ大統領フィルモアの国書を受け取らなければ兵を率いて上陸し、江戸城で将軍にじかに手渡すと浦賀奉行を脅し、勝手に江戸湾の奥まで入り込んで測量をし、幾度となく大砲をぶっ放して江戸を恐怖におとしいれた。

ずいぶん礼儀を欠いたやり方だ。

もっとも、空砲だとわかると、ひとびとは号砲が轟くたびに歓声をあげ、まるで花火見物気分だったというから、江戸の庶民もしたたかだった。

このときのペリー艦隊は四隻とも二千トン前後の木造船で、いずれも外板に黒いタール系の塗料が塗られていた。二隻は蒸気機関をもつ外輪船、あとの二隻は帆船だった。

当時の日本では五百石以上の軍船の建造が禁止されていたが、樽回船などには約三千石

（約六百トン）の大型船もあった。だが、ペリーの軍艦とはまるで比較にならない。

しかもペリー艦隊には、三十二ポンド級の大砲が六十三門も備わっていた。

対する江戸の防備は、浦賀周辺に九十九門の大砲が配備されていたものの、三十二ポンド以上の大砲はたった十九門。とても太刀打ちできるわけがない。

江戸城ではただちに幕議が開かれたが、議論は紛糾した。

「ペルリという異国人から国書を受け取れば、家光公以来の国禁を破ることになりますぞ」

「だが、拒めば江戸で戦がおこるのは必定」

「旗本八万騎などというが、とても江戸の護りはつとまるまい。さあ困った」

将軍の親衛隊としてまっさきに戦うべき旗本の多くは、太平の世に出番がないのをいいことに鎧兜や刀を質に入れ、「退屈男」を決め込んでいた。「黒船来航」と聞いて大あわてで質屋に駆け込み、錆びついた刀や鎧兜を引き出したというのだから、なんとも頼りない。

侃々諤々の議論のすえ、とりあえず国書を受け取り、ペリー艦隊を退去させてから対策を考えることになった。

国書の受け渡しがおこなわれた久里浜の仮応接所には、床下に十人の刺客がひそんでいたという。もし刺客がペリーを刺していたらと想像すると、背筋が寒くなってくる。

日本初の民主的情報開示で勝海舟を見出す

ペリーが去った直後、将軍家慶が病没した。あとをついだ家定には奇行が多く、いい年をして庭のガチョウを追いまわして喜んでいる。とても国政を担えるひとではなかった。

この難局を乗り切るために、正弘は、幕閣たちがアッと驚く策を講じた。

フィルモアの国書を翻訳させ、諸大名から庶民にいたるまで広く公開し、開国要求にどう対処すべきかを自由に申し述べるよう呼びかけ、寄せられた意見を公表したのだ。

これは日本ではじめての民主主義的な情報開示だった。

国民の知恵を借りようという謙虚な発想は、当時の殿さまにはなかなかできることではない。正弘は、自分ひとりの力には限界があることを、よく心得ていたのだろう。

しかも、全国から集まった七百以上の意見書すべてを熟読し、そのなかから優れた意見をちゃんと拾い上げているのだからすごい。

意見書には町人からのものも七通あった。たとえば、吉原の遊女屋の主人からの案。

「酒や肴で歓待すると見せかけて黒船に乗り移り、飲めやうたえのドンチャン騒ぎ。敵が酔いつぶれたところを包丁で片っ端から刺し殺し、黒船に火をかけて沈没させてしまおう」

遊郭の主人ならではのアイデアだが、もちろん却下された。

禄高わずか四十石の無役の御家人だった勝海舟は、こんな意見を寄せた。

「優秀な人材を登用し、内政外交の政策を将軍の面前で述べさせる。江戸をはじめとする海防態勢を厳重にする。火薬や武器を製造し、兵制を西洋式に改革して教練所を設ける。軍艦購入などの費用は、清国や朝鮮との交易の利益をあてる」

これが正弘の目に止まり、海舟の運命を変えた。だが、まさかこの男が徳川幕府の幕引き役のひとりになろうとは、さすがの正弘も想像できなかっただろう。

正弘は、海舟のほかにも意見を寄せた者たちから多くの優秀な人材を掘り起こし、身分や格式にとらわれずに重要なポストにつけて活躍させた。

日露和親条約の締結に活躍した筒井政憲《まさのり》と川路聖謨《としあきら》。

安政の五ヵ国条約の調印に日本側の全権として臨んだ岩瀬忠震《ただなり》。

海舟とともに渡米した「咸臨丸」提督の木村喜毅《よしたけ》。

坂本龍馬の死の直前に新政府構想について語り合い、「ヒタ同心」といわれた永井尚志《なおゆき》。

龍馬に先んじて大政奉還論をとなえた大久保一翁《いちおう》。蛇足だが、わたしの叔母（父の妹）は一翁の孫に嫁いだので、田安徳川家と大久保家は親戚同士ということになる。

さらに正弘は、アメリカ帰りの中浜万次郎（ジョン万次郎）からも意見を聞いた。万次郎のご子孫とは学習院中等科で同級だった。もの静かでおだやかなお人柄だったことを思い出す。

「アメリカは捕鯨船の寄港地を求めているのです。日本の領土に野心はありません」

と万次郎は語り、開国を進言した。

いまは捕鯨に強硬に反対しているアメリカだが、そのころは鯨を想像以上にたくさんとっていた。カリフォルニアにゴールドラッシュが到来し、金鉱掘りのランプ油として鯨油が大量に必要になったからだ。それで日本近海まで足をのばすようになったのだが、当時の幕府は外国船に対して薪水給与令と打払令を交互に出すようなことを繰り返していた。

そこで万次郎が言うように、捕鯨船への薪水の供給や難破船の保護を求めて日本に開港を迫ったのだった。

国難を乗り切る絶妙のバランス感覚

幕臣から人材を発掘する一方で、正弘は尊王攘夷の親玉のような水戸の斉昭を海防参与に任命して幕府側にとりこみ、攘夷派の過激な動きを牽制した。

さらに、「四賢侯」をブレーンに据えた。福井の松平春嶽以外は外様だ。それまでの幕政ではありえないことで、幕閣たちはまたしてもアッと仰天した。

「開国要求への返事を引き延ばし、まず軍事力を高めたうえで外国を打ち払おう」

これが正弘や四賢侯の表向きの意見だったが、本心では開国をめざしていたはずだ。けれど、当時の日本人のほとんどは攘夷を前提にしていたから、その考えを一八〇度変えて開国や諸外国との通商の必要性を理解させるのは、並大抵のことではない。ことに孝明天皇は異国人をことのほか嫌っておられたから、正弘は急進的なことはやらず、斉昭とも柔軟な協調路線をとった。

ものごとの全体を見ながらまとめていく、絶妙のバランス感覚の持ち主だったのだ。

だが、「烈公」と呼ばれたほど性格がきつい斉昭は、

「阿部殿は、ひょうたんナマズだ。ぬらりくらりとしていて、つかみどころがない」

と、悪口を言っていた。おだやかにことを進めるやり方にイライラしたのだろう。

正弘は海防強化にも全力を傾けた。
品川には五つの台場（砲台）が築かれ、浦賀では洋式帆船軍艦「鳳凰丸」が建造された。また、長崎に海軍伝習所が設立され、オランダ海軍の協力を得て、幕臣や諸藩士が航海術や造船術などを学んだ。このときの練習艦「観光丸」は、もとの名を「スームビング号」といい、オランダ国王から十三代将軍家定に贈呈されたものだ。

一八〇六年から数年間、オランダはナポレオン一世率いるフランスに占領され、国土も国旗も一時的に消滅したことがある。その間、オランダ国旗が翻っていたのは、地球上でただ一ヵ所、長崎出島のオランダ商館だけだった。帰る場所をなくした商館長に同情した長崎奉行が、国旗を守ってあげたのだ。のちに国土を回復したオランダは、このときの親切に深く感謝し、軍艦を贈ってくれたのである。

江戸の石川島にも造船所が設立され、洋式軍艦「旭日丸」の建造がはじまった。

この石川島造船所は、わたしが四十年以上もサラリーマン生活を送った石川島播磨重工業（現在の社名はＩＨＩ）の前身だ。歴史に「もしも」はないが、ペリーがやってこなければ、わたしの会社は存在しなかったかもしれない。だから、この「もしも」は切実だ。

江戸九段坂下には西洋の書物を研究する蕃書調所《ばんしょしらべしょ》も設立された。のちの洋書調所だが、このときはまだ野蛮に通じる「蕃」の字を使っているところに、攘夷思想の多かった日本人への配慮が感じられる。

海防強化があわただしく進むなか、安政元年三月、ついに幕府は日米和親条約をむすび、下田・箱館の二港を開くことになった。

条約締結の直前、ペリーは軍艦「ポーハタン号」に幕府の役人たちを招いて宴会を開いている。接待で日本側を喜ばせ、できるだけ自国に有利にことを運ぼうとしたのだろう。

もっとも、ペリーはあまり愛想のよい人ではなかったらしい。

条約締結後、横浜村を視察したとき、ペリーはある名主の家でお茶をご馳走になり、どういうなりゆきだったのかわからないが、その家の赤ん坊を抱っこした。

「よごれた赤ん坊を抱かされるはめになり辟易したが、できるだけにこやかにふるまった」

と、ペリーは日記に書いている。憮然としてペンを走らせる姿が目に浮かぶようだ。

このひともいろいろと大変だったのだろうが、赤ちゃんを抱かせた日本人も、ずいぶん勇気がある。なにしろペリーは、江戸時代のブロマイドともいえる錦絵に、鬼とも天狗ともつかない異様な姿で描かれていたのだから……。

「夷狄《いてき》など槍や刀でやっつけられる。大和魂があれば負けることはない！」

と息巻いていた水戸の斉昭は、カンカンに怒って海防参与を辞職してしまった。

「なしくずし的に和親条約をむすんだのは阿部殿の弱腰のせいだ」

と思ったに違いない。いまでもそういう意見があるようだが、わたしはそうは思わない。

日本は将軍継嗣問題でも大揺れしていたから、そこにつけこまれて列強に攻撃され、清国のようにアヘンで蹂躙される危険すらあった。日本にアヘンが持ち込まれなかったのは、幕臣たちが水際で血まなこになって取り締まったからだ。

また、日本を未開の島国と侮っていた列強は、幕府の役人が賄賂をとらないことに感心し、日本人への認識を改めたらしい。

日本がおだやかに開国することができたのは、そうした防波堤を幾重にも築いてくれた阿部正弘のおかげだった。いいひとに国を開いてもらったと、わたしは感謝している。

ロシア人が絶賛した幕臣、川路聖謨

ロシアのプチャーチン提督がはじめて長崎にやってきたのは、ペリーの初来航より約一ヵ月あとの嘉永六年七月十八日だった。

十月初旬、筒井政憲と川路聖謨が交渉の全権代表として、陸路、長崎に派遣された。政憲は七十六歳という高齢でオランダ語もほとんどできなかったが、それでも外国との交渉を任されたのだから、かなりの知恵者だったにちがいない。

聖謨は五十三歳。無役の貧乏御家人から刻苦勉励して下級幕吏になったあとも、槍のしごきや素突きを毎日何百本も欠かさず、登城往復の駕籠《かご》では寸暇を惜しんで本を読み、対人関係にも気を配るなど、出世の努力を怠らなかった。サラリーマンの鑑のようなひとだ。

十二月半ば、日本全権団はロシアの巡洋艦「パルラダ号」でプチャーチンと歓談した。このひとは皇帝ニコライ一世の侍従武官長をつとめただけあって、ペリーのような威圧的なところはなく、紳士的だった。

聖謨は筆まめな人で、歓談のようすをことこまかに日記に記している。

それによると聖謨は、異国人は妻の話をすると泣いて喜ぶと聞いていたため、

「拙者の妻は江戸で一、二を争う美人でござる。その妻を残してきたものですから、おりにふれて恋しく思い、困っております。忘れる方法はないでしょうか」

と冗談をとばして、プチャーチンを大喜びさせた。

聖謨は、当時の役人としてはめずらしく、ユーモアのセンスがかなりあったようだ。

交渉のために江戸から長崎へ向かう途中、太宰府天満宮を過ぎたあたりに、冷水《ひやみず》という名の峠があった。

二尺七寸の刀を杖がわりにして、息を切らせて峠を越えた聖謨は、

「長がたな　駕籠にも乗らず　としよりの　冷水峠　ふみ越えて候《そろ》」

と歌を詠み、家来たちを大笑いさせた。気持ちのゆったりしたひとだったのだろう。

そうでなければ、極度の緊張を強いられるロシアとの初会見で「女房の話でもしてやれ」などとは思いつかない。余裕のひとである。

ロシア側も非常に好感をもったようで、プチャーチンに随行した作家のゴンチャロフは、

「川路は非常に聡明だった。たくみな弁舌には知性の閃きがあり、われわれはみな、この人物を尊敬せずにはいられなかった。彼の一言一句、一瞥、物腰までがすべて、良識と、機知と、炯眼と、練達をあらわしていた」

と、航海日記のなかでほめちぎっている。

幕府にこういう人材がいたことは、徳川の人間として誇らしい。聖謨を抜擢した阿部正弘の目は、やはり確かなものだった。

日露会談はなごやかにおこなわれたが、交渉そのものは不調で、ロシア側はクリミア戦

争が勃発したため、いったん交渉を中断して長崎を去った。

「ヘダ号」がつないだ日露の絆

二回目の日露交渉は、翌年の秋に伊豆の下田でおこなわれた。プチャーチン率いるロシア使節団は、新鋭の帆船軍艦「ディアナ号」二千トンに乗ってやってきた。

聖謨と政憲は、前回同様、幕府から「ぶらかし」をするよう命ぜられていた。

「ぶらかし」とは「たぶらかす、ごまかす」という意味で、相手に言質を与えず、のらりくらりと結論をひきのばすことだ。聖謨は慎重に「ぶらかし」を続けたが、通訳を介してもロシア側の言うことがわからず、苛立つこともあったらしい。

あまり知られていないことだが、じつはロシアでは、一七〇五年にピョートル大帝の命令で、日本人漂流民を教師とした日本語学校がサンクトペテルブルクに開設されていた。下田での交渉の百五十年も前から、ロシアは日本への南下を視野に入れていたわけだ。

一七六八年にはイルクーツクにも日本語学校がつくられ、漂着民・幸太夫《こうだゆう》（大黒屋光太夫）が日本語を教えている。

だから、ロシア側には日本語の達者な者がいくらでもいたはずなのだが、外国人は国際交渉の場では老獪で、状況がまずくなると言葉が理解できないふりをすることがある。聖謨もそういう対応をされたようで、交渉は暗礁に乗り上げたかに見えた。

ところが、そこに思いもかけないアクシデントがおこる。

十一月四日午前、駿河沖で大地震がおこり、七メートルもの大津波が何度も下田に押し寄せ、ほとんどの民家が流出・全壊するという大災害に見舞われたのだ。

下田港に停泊していた「ディアナ号」はコマのように回転しながら湾内を流され、船底を破損して浸水。水兵が大砲の下敷きになって死亡し、多数の怪我人も出た。

そんな状況にもかかわらず、ロシアの乗組員たちは、津波で流されてくる沿岸の住民を次々に救助し、医務官が怪我をした村民の治療に奔走してくれた。

村のひとたちも沖から流されてきた乗組員を助け、酒を与えて介抱したり、浜辺で焚き火や炊き出しをおこなったりした。

「ディアナ号」は下田近くの戸田《へだ》（伊豆国君沢郡《くんたくぐん》戸田村）に曳航される途中で沈没してしまい、幕府はプチャーチンの要請で、代わりの船を戸田でつくることにした。

ロシア士官が持っていた小型スクーナー帆船の設計図を参考にし、ロシア人の指導をうけながら、日本の船大工と人足約二百人が建造にあたり、わずか一ヵ月半で完成。全長約二十五メートル、最大幅約七メートルの二本マストの帆船は「ヘダ号」(「君沢形《きみさわがた》」)と名づけられた。

なお、「ヘダ号」はよくできた船だったので、以後、日本で洋式帆船をつくる際の手本になった。日露友好の証「ヘダ号」は、日本各地で本格的な洋式帆船がつくられるきっかけにもなったのだ。

プチャーチンは、大地震のとき下田のひとたちからうけた親切や、「ヘダ号」の建造に尽力した幕府の対応に大感激した。もともと聖謨と政憲が信頼を得ていたこともあって、交渉はにわかに円滑になり、安政元年十二月、日露和親条約が調印された。

このとき、北方領土に関して、択捉《エトロフ》島以南の四島を日本領に、得撫《ウルップ》島以北をロシア領とし、領有権をめぐって前々から揉めていた樺太《サハリン》は、国境を定めず日露両国の雑居地とすることが定められた。

「ヘダ号」で帰国したプチャーチンは、明治十四年(一八八一)に明治新政府から勲一等旭日章を贈られ、二年後に八十歳の天寿をまっとうした。

残念なことに、日露交渉の立役者・川路聖謨は、一橋派に属していたため安政の大獄で隠居謹慎となり、慶応四年(一八六八)三月、江戸城の開城が決まったことを内々に知らされて、ピストル自殺してしまった。

おそらく日本人初のピストル自殺ではないかといわれる。中風で半身の自由がきかなくなったため拳銃を選んだのだが、腹は薄く斬ってあったという。

第一線から遠ざけられても幕府への忠節を忘れず、最期に武士の意地を見せたのである。

幕末の夜明けは北辺から

日本史の教科書では「ペリー艦隊の来航によって幕末の動乱がはじまった」とされているようだが、幕末維新のはじまりはもっと以前だったと、わたしは考えている。

十八世紀はじめにシベリアを横断してカムチャツカに植民したロシアは、その後も千島列島沿いに南下を続けた。

ペリー来航よりずっと前から、日本の北辺では開国の胎動が響きはじめていたのだ。

ロシアは、「寒いところはかなわん」と思っていたのだろう。

日本人漂流民を教師とした日本語学校をつくったのも、のちのクリミア戦争も、アラスカをアメリカに売却したのも、旅順占領も、「地続きで南へ行きたい」というロシアの強い執念を感じさせる。ロシア人というのは、そうとうに粘り強い。

一七七一年には、ポーランドの冒険貴族モーリッツ・フォン・ベニョフスキーが、長崎のオランダ商館にこんな手紙を書き送った。

「ロシアは日本侵略を計画し、千島列島に要塞を築き、大砲や弾薬を運びはじめている。近いうちに蝦夷地の松前藩を攻撃するだろう」

小説的で誇張もあったが、日本の北辺防備を考えさせる文としては有意義だった。ヨーロッパで唯一日本と交易をして利益を独占していたオランダは危機感を強め、この手紙を翻訳して幕府に報告した。

その際、「von Benyovszky」（フォン・ベニョフスキー）という名を、誤って「Van Bengoro」と書いたため、このひとは日本で「ハンベンゴロ」という珍妙な名で呼ばれることになってしまった。

この「ハンベンゴロ事件」の情報は、長崎に遊学していた諸藩士のあいだにたちまち伝わり、日本国内にロシア脅威論がわきおこった。

仙台藩医の工藤平助は『赤蝦夷風説考』を著し、ロシアとの交易による富国策をとなえた。平助の友人の林子《し》平《へい》は、『海国兵談』を著し、ロシアに対する海防策を主張したが、ときの老中首座・松平定信によって発禁処分にされてしまった。

その後、北辺には幾度となくロシアの商船や軍船があらわれて北の護りをおびやかした。やがてプチャーチン提督の艦隊がやってきて、日露和親条約が調印されたわけである。その後、文久二年（一八六二）には、幕府の遣欧使節団がサンクトペテルブルクを訪問した。

使節団のメンバーには、豊前中津藩士の福沢諭吉や、のちに明治政府の外務卿として樺太・千島交換条約を締結することになる薩摩の寺島宗則もふくまれていた。

そのときから幕府は、外交問題は寺島だと考えていたのだ。それが明治政府にもつながっていったのである。あとでも述べるが、明治政府は徳川幕府と人的に太いつながりがあり、多くの優秀な人材を旧幕府から迎え入れていた。

幕府の遣欧使節団は、サンクトペテルブルクでたいへん歓待された。

諭吉の自伝によると、食事は和風のものが多く、箸や茶碗も用意されていた。宿舎の室内には刀掛や日本風の木の枕があり、湯殿には糠袋までおかれていたという。

日本の漂着民が、いろいろとロシアにアドバイスしたらしい。

諭吉は、接待役のロシア人から、何度もロシアにとどまるよう勧められた。

「おまえさえ身を隠すつもりになれば、すぐにわたしが隠してやる。使節団が帰ればそれっきりだ。おまえはロシア人になってしまいなさい」

決断しだいで、諭吉はロシアに定住していたかもしれない。

第二次世界大戦後のソ連が、多数のドイツ人を雇って宇宙飛行や原子爆弾などの技術を取り入れたことでもわかるように、ロシア人というのは、ひとさまの技術を自家薬籠中のものにするのがとてもうまい。

特に当時のロシアは、教養ある人材を外国からたくさん雇い入れようとしていた。もともと、そういうユニークな発想をするお国柄なのだ。

ピョートル大帝は造船術をオランダで勉強していたし、日本人漂流民も逮捕するのではなく日本語学校の教師として厚遇した。漂着民の幸太夫は、女帝エカテリーナ二世に拝謁までしている。もちろん、それだけの待遇をするのは、「南方へ出るために利用しよう」という下心があったからだった。

ロシアが幕府使節団に対して、いたれりつくせりの接待をしたのも、樺太の国境をめぐる交渉を有利に進めたかったからだ。

交渉では、ロシアが日本を圧倒した。なにしろ相手は、百五十年以上も前から日本への南下を強く望んできたのだ。おいそれとかなうわけがない。

臨席した諭吉は、ロシアの生き馬の目をぬくような交渉力に、日本の将来を案じ、「しまいにはどのようになり果てるだろうと思い、じつになさけなくなった」と、自伝のなかで語っている。

北方領土問題は、すでにこのころから両国間で議論されていたのだった。

強大な幕府の再建を夢見た大老、井伊直弼

日本を開国に導いた阿部正弘は、開国派の堀田正睦《まさよし》に老中首座を譲ったあと、三十九歳で病没した。当時としても若すぎる死だった。

そのあと大老の座についた井伊直弼は、電光石火のごとく行動をおこした。

安政五年（一八五八）六月十九日、孝明天皇の勅許を得ないまま、日米修好通商条約に調印。これを知った水戸の斉昭や慶喜たちは、登城日でもないのに江戸城に押しかけて抗議したが、むろん聞き入れられなかった。

六月二十五日、紀州の徳川慶福を将軍世子に決定したことを発表。

七月五日、押しかけ登城をした斉昭、慶喜らを処分。

この翌日、将軍家定が死去し、十日後には斉彬も急死している。時期が時期だけに、

「家定公は直弼の手の者に暗殺されたのではないか」

「島津殿は南紀派に毒を盛られたのだろう」

と、さまざまな憶測を呼んだが、二人の死は歴史の偶然だった。

なお、七月から九月にかけて、蘭露英仏とも順次修好通商条約がむすばれた。

直弼は、大老就任から半年たらずで、複雑にからみあっていた将軍継嗣問題と条約勅許問題に決着をつけたのだ。

尊攘派は無勅許で条約がむすばれたことに激怒したが、直弼はけっして孝明天皇の存在を軽視したわけではなかったと思う。

若いころから直弼が熱心に勉強した国学は、尊王攘夷運動に大きな影響を与えた水戸学とかなり近い学問だし、アメリカと通商条約を締結するときは、ぎりぎりまで勅許がおりるのを待っていた。朝廷に反旗を翻そうという気など、少しもなかっただろう。

それどころか、将軍家茂に天皇家から御台所を迎えようと考えていたくらいだ。

「公武合体で朝廷との絆を強めれば、徳川幕府はまだまだ充分にやっていける」

という強い自信をもっていたのだと思う。

ところが、孝明天皇が幕府への態度を硬化させ、譲位の意思さえほのめかしたため、直弼の意に反して朝幕関係はかえって悪くなってしまった。

この機に乗じて一橋派は朝廷に直弼の非を説いてまわり、水戸藩でも在京の尊王派や公家を巻き込んで反幕府運動を展開した。

井伊大老は、運動にかかわった公家や諸藩士はもとより、条約締結に反対する攘夷派の志士や、幕政を批判する学者や思想家をつぎつぎにとらえて弾圧を加えた。

なかでも水戸藩に対する処罰はきびしく、斉昭は国許で永蟄居となり、処分が解かれぬまま亡くなった。藩主の慶篤《よしあつ》は謹慎、家老以下四人の藩士が切腹、死罪、獄門となった。ほかに、松平春嶽の腹心の橋本左内、儒者の頼三樹三郎、長州の吉田松陰らが死罪。春嶽と尾張の慶勝は隠居謹慎。慶喜も二十三歳の若さで隠居謹慎を命じられた。

この安政の大獄で、直弼に対する尊攘派志士たちの怒りは頂点に達した。ことに藩の重鎮が厳罰をうけた水戸藩の憎しみは、はかりしれないほど深かった。

桜田門外の変、長い歳月を経た和解

国会議事堂の正門から皇居のお濠端を走る内堀通りまでは、広大な庭園になっている。江戸時代、このあたりに井伊家の上屋敷があった。桜田門とは五百メートルほどの距離だ。

安政七年（一八六〇）三月三日朝――。この上屋敷を出た総勢六十名ほどの直弼の登城行列は、春とは思えない大雪が降りしきるなか、お濠を左手に見ながら桜田門に向かってゆっくりと進んだ。その日は、江戸にいる諸大名が総登城する日だった。

桜田門に通じる短い橋に直弼の行列がさしかかったとき、見物人にまぎれこんでいた水戸・薩摩の浪士たちが抜刀して飛び出し、いっせいに行列に襲いかかった。

直弼の供回りの者たちは、大雪のため雨合羽を着こみ、刀には雪水が染みとおるのを防ぐため柄袋をかぶせていたため、なかなか抜刀できず、反撃におくれをとってしまった。

直弼はピストルで狙撃され、駕籠《かご》の外から何度も刀で突き刺されたあげく、駕籠から引きずり出されて首をはねられた。四十六歳だった。

目撃者の話では、襲撃は「きざみタバコを二、三服するくらいの間《ま》」だったという。わずか一、二分の出来事だった。

尊攘過激派の浪士たちが直弼の命を狙っているという情報は、以前からたびたび井伊家にもとどいていたのだが、直弼は警護役を増やそうとはしなかった。そのため、屋敷と目と鼻の先の場所で、みすみす命を奪われてしまったのである。

直弼の死は、あるいは歴史の必然だったのかもしれない。

桜田門外の変以後、尊攘運動はますます激化し、各地にテロの嵐が広がっていった。慶喜が将軍後見職に任命されると、反一橋派だった彦根藩は、譜代筆頭でありながら幕府に冷遇され、十万石の減封と京都警備役の剥奪という処分をうけた。戊辰戦争でいちはやく新政府軍に加わったのは、こういういきさつも関係しているかもしれない。

一方、直弼を暗殺した水戸浪士たちのほとんどは、討ち死に、自刃、死罪となった。維新後も彦根と水戸の確執は深かったが、桜田門外の変から百八年が過ぎた昭和四十三年（一九六八）、「明治百年」を機に、彦根市と水戸市は友好都市となった。

彦根城内には、水戸市から贈られた「二季桜」という桜が植えられており、訪れるひとたちの目を楽しませている。年に二度、春と秋に開花するめずらしい桜だ。

直弼が安政の大獄で吉田松陰を処刑したため、彦根と長州のあいだにも大きなわだかまりが残っていたが、処刑から百五十年の節目にあたる平成二十一年八月、松陰の故郷・萩市と彦根市の友好親善が実現した。

井伊家十八代当主の井伊直岳《なおたけ》氏と、彦根市長や彦根市民約二十名が、人気キャラクター「ひこにゃん」を連れて松陰の墓にお参りし、萩市内の松陰神社や松下村塾跡などを訪問。「松陰先生の墓を守る会」のメンバーとも交流を深めた。

同年十一月には、萩市も市長以下四十数名の使節団を組んで彦根市を訪問した。直弼も松陰も、立場の違いこそあれ、懸命に日本のゆくすえを考えたひとである。過去の歴史は歴史として、こうした交流が生まれたことは喜ばしい限りだ。

最後の大老、酒井忠績の頑固一徹

直弼のあと大老になったのは、姫路十五万石の藩主・酒井忠績《ただしげ》だった。兵庫開港をめぐって慶喜と対立し、たった九ヵ月で大老を辞めてしまったため、名前はほとんど知られていないが、このひとが本領を発揮するのは幕府が崩壊してからである。忠績が弟の忠惇《ただとし》に家督を譲り、江戸で隠居暮らしをはじめて二年もしないうちに、鳥羽伏見の戦いがおこった。間の悪いことに、忠惇はその三日前に老中に就任したばかりで、慶喜といっしょに大坂城から江戸に逃げ帰るはめになった。

譜代の大藩・姫路は「朝敵」の汚名を着せられ、岡山藩の軍勢に攻め込まれた。岡山藩の池田家は、姫路城の大半を築いた池田輝政の血を引いていたため、姫路城総攻撃だけはなんとしても避けたいと考えて降伏開城を勧め、姫路側もこれに応じようとした。ところが、徳川憎しの長州は納得しない。

「なまぬるいことをするな。力ずくで屈服させろ」

ということになり、岡山勢はしかたなく姫路城を攻撃した。もっとも、空砲実砲とりまぜて四、五発大砲を撃っただけだから、いわばセレモニーのような砲撃だった。

姫路城が直接攻撃されたのは、あとにも先にもこのときだけだ。まともに大砲を撃ちこまれていたら、日本が誇る世界遺産「白鷺城」は存在しなかったかもしれない。

降伏開城した姫路藩では、藩主・忠惇の助命や酒井家の家名存続と所領安堵のために、ご隠居の忠績を上洛させて朝廷に謝罪してもらおうと考えた。ところが――。

「ふざけたことを申すな。徳川の恩顧厚い姫路が、敵に頭など下げられるか」

忠績は断固として謝罪を拒否するではないか。

そこでご家来衆は、親戚筋の酒井忠邦を後継藩主に迎え、忠績の代わりに朝廷に謝罪させようとしたが、官軍からすげなく断られてしまった。

焦ったご家来衆は必死で各方面にはたらきかけたが、頑固者の忠績が恭順を拒否しつづけたため、まったく功を奏さない。そうこうしているうちに官軍から、

「軍費を献納すれば、許してやらないでもない」

と言ってきた。その額は十五万両だったとも、三十七万五千両だったともいわれる。

どちらにしろ、そんな大金があるわけはない。分割払いにしてもらうよう頼みこんだ。家老たちは、血まなこになってあちこち駆けずりまわり、どうにか金をかき集めた。その結果、前藩主の忠惇は蟄居処分となり、新藩主・忠邦の家督相続と本領安堵も、ようやく許された。

ところが、隠居の忠績は依然として徳川恩顧の姿勢を変えない。それどころか、「徳川宗家を相続された家達（田安亀之助）さまといっしょに駿府に移り住みたい」と、ひそかに官軍に願い出ていたのだ。「どこまでも徳川家と命運をともにする」と公言したに等しい。藩主の忠邦は卒倒せんばかりになった。

考えを変えるよう何度も説得したが、忠績は「どうしても駿府へ行く」と言い張る。家達に従って駿府に行くべきなのは徳川家の家臣だ。しかも徳川はすでに一大名家となったのだから、譜代の臣とはいえ従う必要はない。どうして姫路のご隠居がよその家の主人についていこうとするのか、誰にも理解できなかっただろう。

最後は忠邦もあきれはて、忠績が駿府に移れるよう家達から朝廷に願い出てもらい、明治に改元されたのちの九月に許可がおりた。朝廷も、よく許したものだと思う。

エピローグで詳述するが、明治新政府は松平春嶽を政府の要職につけたくらいだから、幕府時代のことにも充分配慮していたのだと思う。おそらく、忠績の処遇をどうすればいいかということも、春嶽に訊いていたのではないか。

念願かなって駿府に移住した忠績は、明治二十八年（一八九五）に六十九歳で世を去った。

ところで、明治四年におこなわれた廃藩置県のとき、姫路藩は七月に「姫路県」となり、十一月には明石・龍野・赤穂など播磨国の各県が姫路県に統合された。

ところが、その一週間後、なぜか「飾磨《しかま》県」に改められている。飾磨は播磨灘に面した由緒ある港町だが、地元では当時、こんな不平がささやかれたという。

「旧藩名の姫路から飾磨に県名が変えられたのは、あの頑固じいさんのせいだ。忠績公が『徳川家と命運をともにする』などと言い張ったものだから、明治政府にすっかり嫌われ、姫路県はたった一週間で消滅してしまったではないか」

なお、明治九年に飾磨県は廃止され、但馬・丹波・丹後・淡路の各県とともに「兵庫県」に編入された。このときの統合で、いまの兵庫県とほぼ同じ規模になったそうである。

第五章　朝廷

孝明天皇は佐幕派だった

「海の護りを厳重にせよ」

弘化三年（一八四六）八月、孝明天皇は幕府に対してこんな沙汰書を出された。仁孝《にんこう》天皇の崩御にともない十六歳で践祚《せんそ》されてから半年後のことだった。

そのころ、日本近海には外国船が頻繁に姿を見せていた。五月にはアメリカ東インド艦隊の司令長官ビッドルが浦賀にやってきて通商を要求している。幕府は要求を拒絶したが、ペリー来航のかなり前から諸外国への対応に頭を悩ませていた。

孝明天皇はそのことを何かで知り、沙汰書を出されたのだろう。

あるいは、外国の事情に通じた側近が沙汰書をつくり、孝明天皇の名で幕府に下したのかもしれない。当時の朝廷には、海外知識が豊富なひとたちもかなりいたのだ。

たとえば、山階宮晃《やましなのみやあきら》親王は欧州列強の政治体制などをよくご存知で、攘夷の策を七十ヵ条も書きためていた。

民部卿・堤維長《つつみつななが》は、林子平の『海国兵談』（寛政三年に出版禁止となったが、嘉永年間に復刻された）を読んで海防問題に関心を寄せていたし、息子の哲長《あきなが》は、洋式帆船の発明記の和訳や、それをもとに自分で描いた帆船の絵を薩摩の島津斉彬に贈り、斉彬を感心させている。

公家の醍醐《だいご》忠順《ただおさ》も「洋癖家（西洋かぶれ）」といわれ、ピストルやガラスコップなどを集めていたという。

醍醐家は五摂家につぐ家格で、維新後は侯爵に叙された。五摂家の一つ、一條家の分家である。慶喜は正室を一條家から迎えているので、つながりとしてはかなり細いけれど縁戚ということになる。

外国のピストルを玩《もてあそ》んでいた醍醐忠順のご子孫の醍醐忠久さんとは、学習院時代からの友人である。忠久さんも、いろいろなことに興味を示すひとで、初等科の頃にはおもちゃのロケットを作って飛ばしていた。

鉛筆のサックに黒色火薬を詰めて適当な筒の中に入れ、マッチで火をつけると、火薬が固体から気体に変化する際に膨張し、推力がついてシュー ッと音を立てて飛んでいく。わたしも、何度も家の庭で飛ばした。いま、そんなことをしたらすぐに警官が飛んでくるだろうが、当時の男の子はみんなやっていた。

忠久さんとわたしは、いっしょに江田島の海軍兵学校へ進んだ。江田島に渡る前、わたしたちは岩国市内の名所をめぐって数日を過ごした。

市内を流れる錦川で櫓舟を漕ぎ、錦帯橋の下まで行ったとき、どこからともなくヨハン・シュトラウスの『皇帝円舞曲』が聞こえてきた。

「いずれ戦争にいって死ぬんだ」と、当然のように思っていた十六歳のわたしたちは、優雅なワルツの調べと錦帯橋の美しい姿を心に焼き付けた。

戊辰戦争に参加した若者たちも、それぞれに故郷の山河を思いながら散っていっただろう。いつの時代も、戦争とはじつに理不尽なものだ。

幕末の朝廷には、海外事情を積極的に勉強しようとする公家がいる一方で、

「異国人の文物を好むなど、穢らわしい」

と考える公家衆も、まだまだ多かった。

孝明天皇が海外のことをどれくらいご存知だったかはわからないが、海外事情に関して

まったく暗かったとは思えない。

それでも一貫して攘夷を主張されたのは、異国人に対して理屈では説明のできない生理的な嫌悪感を抱いていたからだろう。

当時の天皇は、離宮への行幸やお宮参り以外で御所を出ることはなく、洛中の喧騒とかけ離れた生活を送っていた。御所や離宮は、長押《なげし》の釘隠しや杉戸の引き手の一つひとつにまで意匠を凝らした典雅な世界だ。

桂離宮を見て、「泣きたくなるほど美しい」と言ったのは、ドイツの建築家ブルーノ・タウトだった。

わたしは数えで四歳のとき、親に連れられてはじめて修学院離宮を見学したが、山の高みに広がる空中庭園さながらのお庭の素晴らしさ、浴龍池《よくりゅうち》と呼ばれる広大な池に鶴がいた光景などが、いまも鮮明に記憶に残っている。

池の水面に映る月を愛で、遣水《やりみず》の音に癒されていた宮廷人の美意識からすれば、金ピカの軍服を着てふんぞりかえった西洋人は、おそろしく野蛮に見えたに違いない。

ペリーが来航したとき、江戸湾の岸辺には幕府の規制を無視して野次馬が集まり、小舟を漕ぎ出して軍艦に近づき物々交換をしたひとまでいたが、ほとんどの日本人は、

「異国人は獣の肉を食らい血をすする鬼だ」

と、本気で信じ込んでいた。

ましてや宮廷人の感性は、物見高い江戸庶民とはまったく違う。孝明天皇が「夷狄の侵入は神国日本を穢す」と攘夷を主張しつづけたのも、無理もないことだった。

孝明天皇

その攘夷を、天皇はあくまでも幕府の力でおこなうことを求めた。

ふつう、「攘夷」は「勤王」とむすびつくが、この方はご自身が天皇だから、おかしな言い方になるが、「勤王」ではなかった。

むしろ、「佐幕」だったのである。

長州などは嫌いで、幕府に攘夷をがんがんやってほしかった。これには慶喜も困り果てていたようだが、孝明天皇は徳川幕府を深く信頼されていた。

それなのに幕府が攘夷を決行してくれないことに、裏切られた思いを抱いていたかもしれない。攘夷の不可能を悟っていた慶喜にも、天皇の望みに応じることができないもどかしさがあった。お互いにジレンマを感じていたのだ。

孝明天皇は慶喜より六つ年上だが、開明的な考えに方向転換することはできなかった。開明派になれば、外敵をやっつける征夷大将軍など廃止しなければならない。そうすれば、征夷大将軍の陣営である幕府は完全に潰れてしまう。

そんな大変革は、当時は誰にも考えられないことだった。

皇女和宮、徳川将軍家へ嫁入り

桜田門外の変のあと幕府は、孝明天皇の異母妹・和宮の将軍家茂への降嫁を朝廷に要請した。この公武合体策は、井伊直弼が生前に考えていたことだ。

のちに官軍が江戸めがけて攻めてきたとき、和宮たちのはたらきによって江戸の町は戦火をまぬかれた。直弼には安政の大獄の悪いイメージがつきまとうが、江戸城無血開城へのレールを敷いたことは、もっと評価されてもよいのではないかと思う。

天皇は、政局への配慮と妹宮への思いの板挟みとなったが、幕府に攘夷をやってもらうにはやむをえないと考え、和宮降嫁を決断した。

はじめのうち和宮は、「たとえ尼になるとも不承知」と必死で抵抗したが、兄の苦衷を察して泣く泣く承知した。

降嫁が正式に公表されると、安政の大獄で謹慎処分になっていた慶喜は恩赦で復権した。徳川将軍家では宮家の姫君を御台所に迎えることがたびたびあったが、皇女降嫁は幕府はじまって以来のことだ。幕府・朝廷ともにメンツをかけて、菊花紋と葵紋をあしらった豪華な嫁入り道具を二千点もあつらえた。

文久元年（一八六一）十月二十日、ついに嫁入り行列は京を出発し、東海道から中山道へ入り、五百キロ以上の道のりを二十五日がかりで江戸へ下った。

その間の総経費は、いまの金額にしてなんと三百七十億円。お供の女官や警護の男たちを二万六千人も引き連れた大行列は、長さ五十キロにおよんだ。

和宮のいる本隊だけでも総勢四千人もいて、行列の先頭が次の宿場に到着しても、しんがりはまだ前の宿場を出ていなかったという。

空前絶後の嫁入り行列は、幕府の威信をふたたび世に示そうとする一大パフォーマンスであり、公武合体という政治的なデモンストレーションでもあった。

道中の縁起かつぎも大変で、「別れる・切れる」を連想させるものは、すべて排除された。

馬追い歌で有名な追分宿は素通りし、次の沓掛宿（現在の中軽井沢）に泊まった。

沓掛宿の東にあった「離山」という不吉な名の山は、行列が通過するあいだだけ「子持山」と呼ばれ、行列の周りに大きな幕を張って山が見えないようにした。

道中最後の板橋宿近くには、「縁切り榎」というとんでもない名前の古木があったが、葉の一枚も見えないように菰《こも》でぐるぐる巻きにしたうえ、その下を通らなくていいように新しい道までつくった。

こうして江戸にやってきた和宮は、翌文久二年二月十一日、家茂と華燭の典をあげた。二人はともに十七歳。いざいっしょになってみると、とても仲むつまじかった。

肖像画を見ると、家茂は細面で鼻筋の通った二枚目だ。歴代将軍のなかで美男ナンバーワンという気がする。やはり二枚目は得なのかもしれない。

なにより、誠実でやさしい家茂の性格が和宮の心をなごませた。家茂が金魚や花を贈ると、和宮は和歌をしたためた短冊を贈る。そんなほほえましい若夫婦だった。

二人は自分たちの結婚の意味をよく理解し、互いにいたわりあった。和宮はからだが弱かったためもあり子宝に恵まれなかったが、家茂は幕閣から側室をもつよう勧められても

徳川家茂

断り、和宮ただひとりを伴侶として愛した。

だが、婚礼からわずか四年半で、家茂は大坂城で急死してしまう。江戸に帰った家茂の亡骸は増上寺に葬られた。

徳川将軍家の菩提寺は、芝の増上寺と上野の寛永寺だ。初代家康と三代家光の墓は日光にあるが、それ以外の将軍の墓は次のようになっている。

四代家綱、五代綱吉、八代吉宗、十代家治、十一代家斉、十三代家定は寛永寺。

二代秀忠、六代家宣、七代家継、九代家重、十二代家慶、十四代家茂は増上寺。

数がちょうど同じなのは偶然らしい。慶喜の墓だけは谷中の墓地にあり、墓も仏式ではなく神式の円墳で、ひとり異彩を放っている。ただし、墓の維持管理は寛永寺がしている。

田安家の菩提寺は寛永寺なので、わたしは増上寺にお参りする機会があまりなかった。

はじめて本堂に上がったのは、平成八年の和宮生誕百五十年・薨去百二十回忌のときで、和宮の嫁入り行列が通った中山道を歩いてきたひとびとを本堂でお迎えした。

増上寺の本尊は黒本尊阿弥陀如来という秘仏で、家康が出陣のとき常に身辺に祀っていたことから、災いを遠ざけ勝運をもたらす仏さまとして信仰されてきた。

家茂が最初に上洛したときも、和宮は黒本尊のお札を勧請して夫の無事を祈った。そのご利益はあったのだが、最後の上洛のとき、家茂は心身ともにぼろぼろになっていた。

和宮は落飾して静寛院と号し、徳川の人間として生きる道を選び大奥にとどまった。そして、天璋院とともに江戸を戦火から救う役割を果たしたのち、数え年三十二歳で世を去り、家茂のかたわらに葬られた。

昭和三十三年、増上寺の徳川将軍家墓所をいまの場所に移すとき発掘調査がおこなわれ、和宮の柩から一枚の乾板写真が見つかった。

この写真が一夜にしてただのガラス板と化したのは有名な話。写真の主が誰なのか、永遠にわからなくなってしまった。じつにもったいないことをしたものである。

写真の主は、和宮との婚約を解消させられた熾仁親王だったという説もあるが、幕府がつくった墓に、前の婚約者の写真が入っていたとは思えない。

和宮は、夫の写真を胸に抱いて眠っていたにちがいない――。

政治に翻弄され、家茂の若すぎる死で終焉を迎えた結婚生活を思うと、そう信じたい気

岩倉具視

持ちになってしまうのである。

坊主になった岩倉と、長州に落ちた公卿たち

朝廷側で和宮降嫁の推進者となったのは、わがご先祖のひとり、岩倉具視だ。

公家としての身分は低かったが、孝明天皇の側近中の側近、関白の鷹司政道が、

「眼彩ひとを射て、弁舌流るるがごとし。まことに異常の器なり」

と絶賛したほどの才覚の持ち主だった。

朝廷一の策士とか陰謀家といわれるのは、目先がききすぎたからかもしれない。ところが、公武合体を推進したことがあだとなり、尊攘派から激しい怒りを買ってしまった。ついに政治の場から追放され、岩倉家の菩提寺で頭を丸めて坊さんになった。

具視の五女の寛子は、

「戸田家へ嫁いだ八つ上の姉が、父が坊主になった姿を見て泣いたそうでございます」

と語っている。この八つ年上の姉というのが、わたしの母方の曾祖母、戸田極子《きわこ》だ。妹の寛子は森有礼《もりありのり》の妻になった。

尊攘過激派から命を狙われた具視は「苔寺」として有名な西芳寺へ身を移したが、やがて洛中からも追い出され、洛北の岩倉村に蟄居した。

生活は逼迫し、子供たちを養うこともままならない。そこで、公卿の家には役人の手が入らないという特権を活かして屋敷で賭博を開帳させ、テラ銭を稼いでいたともいわれる。だが、これは旗本たちもやっていたことで、具視だけ悪くいわれるのはかわいそうだ。

蟄居生活は五年におよんだが、この時期が一大転機になった。

具視のもとに倒幕派の志士たちが頻繁に訪れるようになり、西郷隆盛、大久保利通、桂小五郎らと親交を深めたことで公武合体派から倒幕派へ転向したのだ。やがて同志たちと倒幕の策をひそかにめぐらすようになった。

薩長同盟に応じた西郷隆盛、大久保利通、桂小五郎も、大政奉還を決断した慶喜も、そして具視も、大胆ともいえる割り切りのよさがあった。

篤姫の婚礼道具の準備に走りまわった隆盛が、その篤姫のいる江戸城を焼き払えと言い、和宮を徳川に降嫁させようと奔走した具視が、徳川を倒せと言うのだ。

歴史を動かし、後世に名を残すほどのひとには、方向転換することに悩まない、前言をひるがえしても気に病まないという思い切りのよさが、天賦の才能として備わっているのだと思う。そうでなければ大仕事はできないだろう。

わたしがサラリーマン時代に、社長が「朝令暮改はいいことだ」と言っていた。国家の長であれ、企業のトップであれ、自分が言ったことが間違いだと思ったら躊躇せずすぐに変更しないと、組織はやがて滅びてしまう、ということだろう。ダメだと思ったら、すぐ変えるのが指導者なのだ。

一方、和宮が降嫁したことで朝廷の政治的な発言力は急速に高まった。

それまで幕府は、朝廷の政治的な活動を規制するかわりに、公家衆の地位を高くしていた。たとえ将軍でも宮中での地位は高くはなく、それでうまく均衡をとっていたのだが、公武合体のために、かえってその均衡がくずれてしまった。

孝明天皇ご自身は、あくまでも幕府に攘夷をやってほしかったのだが、公家たちの思惑は「長州につくか、幕府につくか」で、大揺れに揺れた。

長州勢が朝廷を意のままにあやつるようになると、公武合体の立場をくずさない天皇に不満をもつ公家たちが、天皇を利用して武力倒幕の動きさえみせるようになった。

みずからの意志とは違う方向に朝廷が流されていくことを、天皇は深く嘆いた。

そして文久三年、天皇の意を受けて、長州勢を京から一掃するクーデターがおこる。

薩摩藩と会津藩は、公武合体派の中川宮朝彦親王と綿密な計画を練り、八月十八日未明、御所の九門を薩摩・会津・淀藩の兵で固めたうえで在京の諸大名に参内を命じ、宮中を公武合体派で占拠。尊攘派公卿と長州藩の参内を禁じ、京から追い出した。

追放されたのは、三條実美《さねとみ》、三條西季知《さんじようにしすえとも》、四條隆謌《しじようたかうた》、東久世《ひがしくぜ》通禧《みちとみ》、壬生《みぶ》基修《もとなが》、錦小路《にしきのこうじ》頼徳《よりのり》、澤宣嘉《さわのぶよし》の七人の公卿で、長州藩兵に付き添われて三田尻へと落ちていった。世に言う「七卿落ち」だ。

このうち、錦小路頼徳は翌年病没した。

澤宣嘉は、過激派の天誅組といっしょに但馬の生野で倒幕の兵を挙げたが、失敗して長州に逃げもどり身を隠した。

ほかの五卿は、第一次長州征伐のあと筑前の太宰府に移されることになった。

これがきっかけとなり、中岡慎太郎は西郷隆盛と会見して薩長同盟への足がかりをつかんだというから、歴史というのはどう転ぶかわからない。

だが、薩長同盟のせいで長州再征が苦戦つづきになったときも、孝明天皇は、

「軍を引かずに長州を討て」

と幕府に命じた。朝廷を混乱させた長州を許すことができなかったのだろう。

これに対して具視は、

「長州と和解し、禁門の変のときの罪も赦すべきだ」

と声をあげ、「中川宮は天下の大勢を見ていない」と激しく批判した。

中川宮は孝明天皇と同じく幕府寄りの立場をとっていたから、この批判は天皇ご自身に対する批判だったともいえる。

長州再征が中止された直後の慶応二年八月三十日には、倒幕派の公卿二十二名が天皇に政治改革を訴えるために集団で御所に押しかけ、国政の実権を幕府から朝廷に移すことや、具視のように蟄居中の公卿たちを朝議に復帰させることなどを要求するという「廷臣二十二卿列参事件」がおこり、公武合体派の中川宮と二条斉敬《なりゆき》は辞職に追い込まれてしまった。

天皇は怒りをあらわにし、御所に押し掛けた公卿たちの要求を拒絶しただけでなく、蟄居や外出禁止などの処分を下し、幕府に変わらぬ信頼を寄せていることを示した。

だが、この事件を機に、朝廷内には孝明天皇を批判する声が高まっていった。

孝明天皇崩御でささやかれた、わがご先祖の気になる噂

そんな矢先、孝明天皇が病に倒れた。

慶喜を将軍の座に据えてから一週間後の十二月十二日に発熱し、はじめは風邪だと思われていたが、十六日に疱瘡（天然痘）と診断がくだされた。

二十三日には峠を越されたと思われたのに、二十四日になって急に悪化し、二十五日に崩御された。三十六歳の若さだった。

外交問題や将軍継嗣問題、天皇拉致誘拐未遂など、この方は日本が最も不安定な時期に天皇の座におられた。父帝の仁孝天皇のころまではそういうことはなく、孝明天皇の時代になってから急に日本中が大騒ぎになってしまった。波乱の人生というしかない。

岩倉具視が朝廷への復帰をねらい、薩長の武力倒幕の動きも具体化していたときだけに、天皇の死は暗殺ではないかと、ずっと疑われてきた。孝明天皇の正式な伝記『孝明天皇紀』に、崩御の際の記事が欠けていることも、謎を深める一因になっているようだ。

公家の中山忠能《ただやす》は、日記に「疱瘡毒を盛られた」と書き残している。

天皇は字を書くときに新品の筆を使う。穂先を舐めてやわらげてから使うので、そこに毒を塗っておいたという説もある。

中山忠能は明治天皇の外祖父だ。そのひとが言うのだから、毒殺説の信憑性は高いのではないか、といわれる。

ただ、この暗殺の実行犯として、わがご先祖の岩倉具視の名まで取沙汰されているのだから、わたしとしては困ってしまう。

「いや、岩倉は首謀者で、実行犯は孝明天皇に仕えていた岩倉の妹だ」

「疱瘡毒に罹患させようとしたが失敗し、ヒ素を盛ったのだ」

といった推測をするひともいる。

たった一日で容体が急変しているから、毒を盛られたとすれば、死にいたるまで時間がかかるヒ素ではなくトリカブトだろうか。ＤＮＡ鑑定ができるわけもない。

アーネスト・サトウも『一外交官の見た明治維新』に、

「崩御の原因は天然痘だといわれたが、数年後に消息通の日本人から、帝はたしかに毒殺されたのだと教えられた。攘夷を主張しつづけた孝明天皇は、幕府が崩壊すれば朝廷が西欧諸国とじかに接することになると予見した人々によって片付けられたというのだ」

と書いている。

たしかに孝明天皇の死は、それを望むひとたちからすれば絶妙のタイミングだったが、

誰も暗殺を証明することはできない。それにサトウは、

「孝明天皇が崩御された当時は、毒殺の噂を耳にしたことはなかった」

とも書いている。

古今東西、権力者の死には暗殺説がつきもので、あとになってから「じつは……」という話になることが多い。それをいちいち信じていたら、歴代の徳川将軍など、ほぼ全員が暗殺されたことになってしまうではないか。

サトウの回想録は、太平洋戦争が終わるまで禁書とされていた。正確な訳文の本が出版されたのは昭和三十五年のことだ。戦前にも翻訳本があるにはあったが、暗殺説のくだりはすべて伏字になっていたという。

それはそうだろう。天皇暗殺とはただごとではない。

わたしはこの暗殺説で迷惑を被ったことはないけれど、岩倉具視のご子孫はたくさんおいでになる。イタリア大使をつとめた方もいれば、大学教授になった方もいる。俳優の加山雄三さんもご子孫の一人だ。

簡単にご先祖を犯人扱いされては、たまったものではない。

暗殺説の真偽よりも、むしろわたしにとって気になるのは、孝明天皇があのタイミング

で崩御されなければ徳川の世は続いていただろうか、ということだ。

やはり、それはなかっただろう。

征夷大将軍が続くかぎり幕府は存在するわけだが、「それでは日本は成り立たない」ということで、慶喜は徳川幕府の歴史に幕をおろしていただろうと思うのだ。

公卿たちの大逆転劇、王政復古の大号令

慶応三年正月九日、十六歳の睦仁《むつひと》親王が践祚し、慶応四年八月に即位した。のちの明治天皇だ。

このときの大赦で、八月十八日の政変や禁門の変で処罰されたひとたちは赦免された。七卿落ちの公卿たちは、のちに三條実美が太政大臣や内大臣に、澤宣嘉が外務卿に、東久世道禧は枢密院副議長や貴族院副議長になるなど、明治政府の要職についている。

少しおくれて十二月に、岩倉具視も赦免・復権となった。

その間に大政奉還がおこなわれたが、具視は、大久保利通や公卿の中御門経之《なかみかどつねゆき》、中山忠能、正親町三條実愛《おおぎまちさんじょうさねなる》らとともに慶喜から政治の実権を奪う策を練り、十二月九日、王政復古の大号令案を奏上した。

このときの小御所会議で、土佐の山内容堂が慶喜の辞官納地に反対して話が進まなくなったが、控室で西郷隆盛が、

「短刀一本でかたづくこと」

と、つぶやいたことで、具視は覚悟を決めて会議にもどった。

容堂は、具視の表情から身の危険を察したのか口をつぐみ、具視は小御所会議を成功に導くことができたという。

これも具視の陰謀家ぶりを示すエピソードにされているのだが、容堂の刺殺を示唆した隆盛は陰謀家とはいわれないのだから、いささか不公平のような気もする。

大政奉還と前後して、薩長に討幕の密勅が下されたことはすでに述べたが、これに関与した正親町三條実愛は、のちにこう語ったという。

「薩摩に授けた討幕の密勅はわたしが書き、長州に授けたものは中御門経之が書いた。これは極秘のことで、われわれ二人のほかには中山忠能と岩倉具視しか知らなかった」

事実だとすれば、肝心の天皇は密勅の存在を知らされていなかったのかもしれない。

この密勅は慶喜が抑え込んだが、薩長に武力倒幕の大義名分を与えることになった。

大逆転をねらった公卿たちの虚々実々のかけひきが、徳川との最終決戦に突入する原動

力となったのである。

第六章　戊辰戦争

効果てきめん、錦の御旗

幕末におきた政争の多くは、「天皇の権威をどうやって味方につけるか」をめぐるアイデア合戦だったといえる。

薩長が討幕の密勅を受けそうになると慶喜が大政奉還をする、すると倒幕派は王政復古の大号令を出してくる——という熾烈な知恵比べがおこなわれていた。

その最後の決め手になったのが、錦の御旗だった。

錦の御旗（錦旗《きんき》）は、朝敵の討伐に出征する大将に天皇から与えられる旗で、「官軍」の証となるものだ。記録に残る最初の錦旗は、承久《じようきゆう》の乱のとき、後鳥羽上皇が北条義時を討つために配下の将たちに与えた十旒《じゆうりゆう》の旗だという。

慶応四年（一八六八）正月三日、淀城まで前進していた徳川軍は、蛇のように長い縦隊

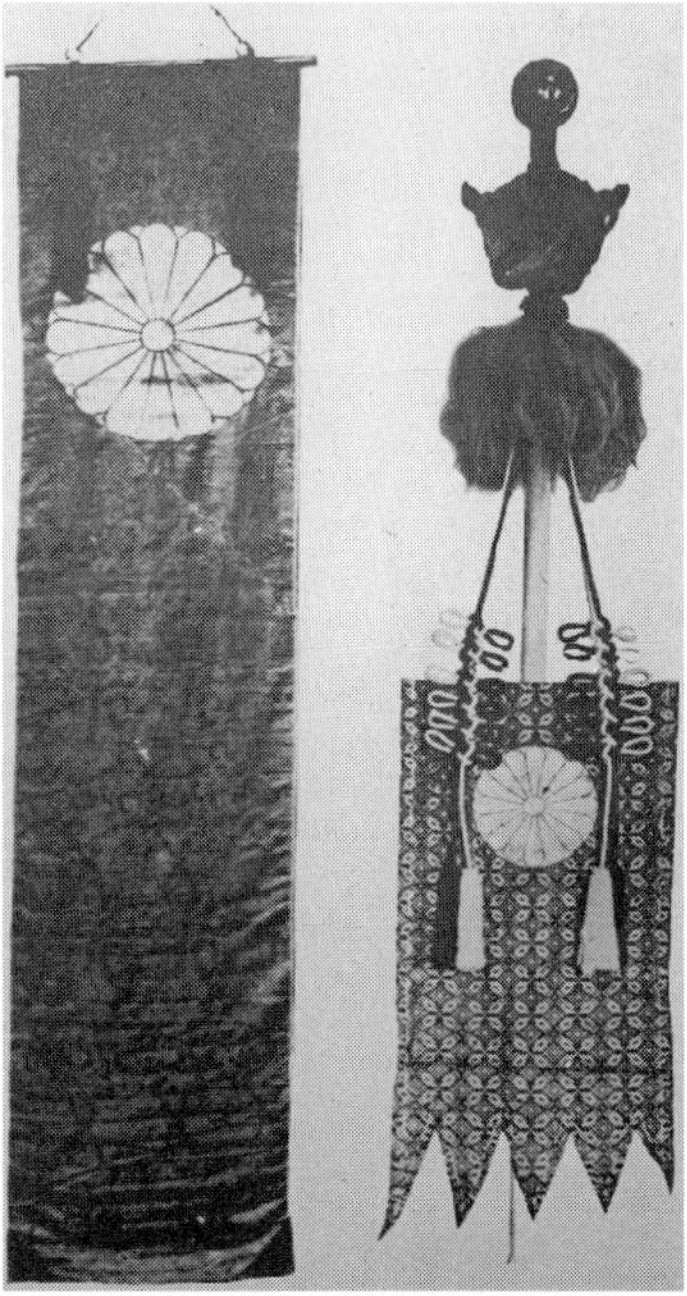
御馬標（右）と錦旗

を組んで京に向けて行進をはじめた。薩摩の陰謀を訴えるための上洛だから、臨戦態勢をとっていなかった。これが戦闘するためにはまずかったのだ。

　鳥羽口で待ちかまえていた新政府軍に行く手をさえぎられ、「通せ」「通さぬ」の押し問答になったとき、新政府軍がいきなり横から発砲してきた。

　軍隊が戦闘に入るときは、敵に対して横に展開しなければいけない。徳川軍は無防備な縦隊の横から敵に撃たれたため、いいようにやられてしまった。

　伏見方面でも敵に圧倒され、徳川軍は総崩れとなって退却をはじめた。

　そして正月四日、征討大将軍に任命された仁和《にんな》寺宮嘉彰《じのみやよしあき》親王に、天皇から二旒の錦旗が下賜された。

このときから新政府軍は「官軍」になり、徳川軍は「賊軍」になってしまった。御所を出た宮が戦場に錦旗を進めたのは翌五日だった。

錦旗の効果はてきめんだった。

それまで徳川方についていた諸藩は「朝敵にされてはかなわない」と次々に離反し、兵たちは錦旗を見るなり「アッ」と驚き、青ざめて退却した。

淀城では、退却してきた徳川軍の入城を拒否して堅く城門をとざした。

淀藩の稲葉家は三代将軍家光の乳母・春日局の末裔で、いわば譜代中の譜代。しかもこのとき藩主の正邦は現役の老中だったのに、国家老の一存で官軍に寝返ってしまった。

山崎の関門を守っていた津藩の藤堂軍は、徳川方に向けて発砲した。

藤堂高虎を祖とし、家康以来、合戦の先鋒をつとめる家柄だった藤堂家も、錦旗の威力には勝てなかった。

御三家の紀伊藩でさえ、「これはもうダメだ」と観念し、官軍に協力する態度を示した。

誰よりもショックを受けたのは、尊王思想の持ち主の慶喜だった。朝敵とされたことに愕然とし、なにもかも諦めてしまったのだ。

錦の御旗にこれほど絶大な効果があろうとは、薩長はもちろん公家の岩倉具視さえ想像しなかっただろう。

錦の御旗をめぐる「不思議」の数々

その錦旗がニセモノだったという説があるから驚いてしまう。その説とは――。

前年の大政奉還の直前、薩摩の大久保利通と長州の品川弥二郎は、

「きたるべき討幕にそなえて、錦の御旗をつくってもらいたい」

と、岩倉具視から依頼された。

利通は、具視の腹心・玉松操《たままつみさお》のデザインをもとに、西陣で大和錦《やまとにしき》と紅白の緞子《どんす》を帯地として調達した。

それを弥二郎が長州に持ち帰って計十二の錦旗につくりかえ、王政復古の大号令のあと、具視がひそかに朝廷に納めた。

仁和寺宮に下賜されたのは、十二の錦旗のうち、太陽と月をあらわす金銀の丸紋が刺繍された二旒で、ほかの錦旗はその後の戊辰戦争で各地の戦いに使われたという。

またしても岩倉具視だ。

陰謀や策略は、なんでもこのひとがやったことにすれば片付いてしまうらしい。

だが、この話が真っ赤な嘘だという証拠もない。各地にはさまざまなデザインやサイズの錦旗が残っているから、各方面の軍隊の大将に与えられた錦旗は、このときの偽造品だったかもしれない。

けれど、天皇から宮さまに下賜された錦旗までニセモノだったとは信じがたい。少なくとも、これは本物だったのではないか。

もしすべてが偽造されたものだとしたら、当時の朝廷には錦旗がまったくなかったことになる。そんなことはありえないだろう。

それより何より、わたしには以前から非常に不思議に感じていることがある。

錦旗が天皇の旗だということを、徳川方の武士たちも新政府側の武士たちも、みんなが知っていたということだ。いままで誰も指摘していないが、これは驚きの一語に尽きる。

錦旗（すなわち天皇旗）がひるがえったとたん、誰もが「アッ」と驚き、徳川方は総崩れになった——というのは事実だが、こういう状況は、みんながその旗を錦旗だと認識していなければおこるはずがない。でなければ徳川方は、

「おや。見たこともない旗が出たぞ。いったいあれはなんの旗だ？」

と思うだけで、「そら逃げろ」とはならないはずだ。長州や薩摩の兵隊だって、自分た

ちが振っているのがなんの旗かわからなければ、勇気百倍になるはずがない。

一説には、錦旗が出る前から「出るぞ、出るぞ」と薩長がふれまわっていたというが、それで戦場の下級武士までが仰天したというのは、ちょっと劇的すぎるように思う。大将クラスの武士ならば、絵巻物などで錦旗がどういうデザインなのか知っていたかもしれないが、下級武士にはそういう機会はなかっただろう。

いろいろ考えたけれど、なぜみんながびっくりしたのかわからない。じつに不思議だ。武士というのは、旗印を見て敵と味方を区別しながら戦争をしていた。相手が誰だかわからなければ戦争はできないから、昔は旗印や紋所について、最下層の武士までみなが教え込まれ、覚えさせられていたはずだ。

そこには「武士の旗印に錦旗は使わない」という不文律があったのだろうか。「旗印のなかに錦旗なるものが出てきたら、それは天皇の軍隊であるから、けっして抵抗してはならない」ということを、幕末の武士たちは、みな教えられていたのだろうか。

鳥羽伏見の状況を見ると、そうとしか考えられない。

仮に錦旗が偽造されたものであったとしても、錦旗は錦旗だ。

手間暇かけて偽造したところで、「なんだ、あれは?」と思われてしまったら、なんの意味もないではないか。みんなが錦旗について知っていて、「錦旗は天皇のもの。天皇旗にニセモノなどあり得ない」と信じていたからこそ、偽造する価値があったのだと思う。

こういう話はどこにも出てこない。どの史料を見ても、「錦旗が出たために徳川方は総崩れになった」としか書かれていないし、みんなも「ああ、そうか」と納得している。

これもまた、じつに不思議なことである。

慶喜の大坂城脱出は事前に計画されていた？

鳥羽伏見の戦いのとき、彦根藩は新政府軍として大津を守っていた。大政奉還の直後に、いちはやく新政府側についていたのだ。

もっとも、藩主の井伊直憲《なおのり》は病気を理由に、ついに一度も戦場に出陣しなかった。かつて「徳川四天王」と呼ばれた栄光と家康以来の恩顧から、反徳川の将として藩兵の指揮をとることに抵抗があったのだろう。彦根藩が徳川を離れたのは、足軽級の者たちの主張におされたからだ、ともいわれている。

譜代筆頭の彦根が公然と新政府側についたことは、他の譜代諸藩に大きな衝撃を与えたが、それでも徳川勢の兵力は一万五千もあった。新政府軍の五千をはるかに上回り、数では圧倒的に有利だった。だが、いかんせん、薩長に比べて武器が旧式だった。

京都の霊山歴史館には、鳥羽伏見で徳川方が使った火縄銃がある。ミニエール銃やスナイドル銃が主流になっていたころに、こんな時代遅れの鉄砲で勝てるわけがない。兵隊も諸藩からの寄せ集めで、指揮系統さえはっきりしていなかった。

だが、慶喜は将軍時代にフランス式の陸軍をつくり、陸軍奉行もおいていたはずだ。慶喜自身も、ナポレオン三世から贈られた立派な軍服を着こみ、ナポレオンハットまでかぶり、アラビア馬にまたがった写真を撮っている。

それなのに、鳥羽伏見にはフランス式軍隊も陸軍奉行も出動していない。いったい、どこに消えてしまったのだろう。最新式の武器だってフランスからずいぶん買っていたと思うのだが、それを使った形跡もない。

不思議なことだ。慶喜には、はなから戦争をする気などなかったのではないか。

さて、兵を乱して大坂城へ逃げもどった徳川方の将兵たちは、

「このままでは武士の沽券にかかわる」

と徹底抗戦を主張し、慶喜に陣頭指揮をとってほしいと懇願した。

「よくわかった。みなのもの、すぐに戦いの用意をはじめよ」

慶喜の言葉に一同は奮い立ち、反撃の準備にとりかかった。ところが――。

その夜、慶喜は会津藩主の松平容保、桑名藩主の松平定敬《さだあき》ら中核部隊の大将たちを連れて大坂城を抜け出し、軍艦「開陽丸」で江戸に帰ってしまったのである。

この話は、「慶喜は卑怯者だった」というときに必ず引き合いに出される。けれど、「トップが部下を見捨てて逃げるとは言語道断」という批判は現代人の感覚だ。当時は、戦闘に参加している軍隊から大将がいなくなれば、その時点で軍隊は成立しなくなり、戦いを続行する必要もなくなった。

それで慶喜は、あえて大将たちといっしょに戦線から姿を消し、戦いを終わらせようとしたのだと思う。

この脱出劇は、前々から計画されていたと思われるふしが多々ある。

まず、城を出た慶喜たちは真暗闇のなかを小船で大坂湾へ漕ぎ出し、アメリカの軍艦に乗り込んでいる。

異国の軍艦に乗り移るなど、事前の準備なしにできるはずがない。むこうの水兵は慶喜の顔など知らないから、いきなり近付いたりしたら、撃たれてしまうかもしれない。

翌日には新政府から慶喜追討令が出されたが、慶喜は朝のうちに大坂湾警備の旧幕府軍艦「開陽丸」に乗り移った。こんな早業も、いきあたりばったりでできっこない。

「いや、慶喜はやはり弱虫だ。その証拠に、家康以来の大事な馬標《うまじるし》、『七本骨の金の開扇』を大坂城に置き忘れたではないか。怖くなって大あわてで逃げたのだ」

と言うひともいる。

馬標とは武将が戦場で敵味方を区別するための目印だが、慶喜はそれを忘れて逃げたのではなく、敵と味方の兵隊たちに自分が大坂城にいると思わせるために、わざと置いていったのではないか。わたしが慶喜ならば、そうする。馬標があれば、敵も味方も大将がすぐもどってくると思うだろう。

それにしても、大勢の部下の誰にも疑問をもたれずに城から出たというのは、まるで神業だ。

巨大な大坂城の長い長い廊下や門までの通路には、兵士がたくさんいただろうに、どうやって通り抜けたのだろう。脱出したのは夜十時ごろだったという。明日はまた戦闘があるというのに、全員ぐっすり眠っていたとは考えられない。

門を出るとき門番に「小姓の交代だ」と言ったというが、慶喜がどんなに芝居上手でも、いつ官軍が攻めてくるかしれないとき、門番がこんな言葉で騙されるだろうか。

真っ暗ななかで、どうやって小船のありかを知ったのか。

そもそも、戦争を続けたいと言っていた大将たちを、どうやって説得したのだろう。

事前に計画されていたと考えなければ、辻褄が合わないことが多すぎる。

これだけの大計画は、慶喜以外には思いつかないことだった。このとき慶喜の霊感は、とても緻密にはたらいたのだろう。

もし城内の誰かが見とがめて引き止めたりすれば、翌日の戦闘は京大坂に飛び火し、江戸もたちまち戦乱に巻き込まれていたに違いない。

そうなれば徳川一族は江戸城に立てこもり、ついには全員討ち死に、というシナリオもありえた。

だが、慶喜は、そういう事態は絶対におこらないと確信していた。

「徳川家の滅亡を食い止められるなら、敵前逃亡の汚名など平気だ」

と、ある意味合理的ともいえる考え方をしたのかもしれない。

おかげで江戸の平和は守られ、徳川一門は討ち死にせずにすみ、わたしはこの世に生まれてくることができた。

慶喜の大胆な決断に、わたしは心から感謝しなければならない。

目撃された江戸城への帰還

翌朝になって慶喜たちの姿が消えていることがわかると、大坂城中は大混乱におちいった。取り残された将兵たちは、茫然自失して自分の藩に帰るしかなかった。

「開陽丸」の艦長だった榎本武揚は、たまたま下船しているとき慶喜に軍艦をもっていかれてしまい、あわてふためいて大坂城にやってきた。そのときはすでに、城はもぬけのからになっていたという。

「ああ……、これで徳川の命運も尽きた」

武揚は男泣きしながら後続艦で「開陽丸」を追いかけた。

「開陽丸」が品川沖に着いたのは正月十一日だった。

その日は船中にとどまり、翌十二日早朝に上陸して浜御殿（現在の浜離宮）に入ると、すぐに勝海舟を呼び寄せた。

参上した海舟は、青菜のような顔色をした幕閣たちに向かって、

「だから言わないこっちゃない。こんなことになって、どうなさるおつもりだ」

例の口調でがみがみ言いたてたが、幕閣たちは誰もかれも眼がうつろで、反論する者は

なかった——と海舟は書き残しているが、慶喜は冷静だったと思う。

このあと、慶喜は江戸城に向かった。

そのときのようすを目撃したひとがいる。小野清という仙台藩士で、大正十五年に上梓した『徳川制度史料』という本に詳しく記している。それによると——。

十二日の昼前、小野が外出の途中で江戸城外濠の幸橋門（いまの地下鉄内幸町駅付近）にさしかかると、馬に乗った六人の武家と出くわした。

近寄ってよく見ると、先頭は知り合いの山岡鉄舟だ。あとに続く五人は、いずれも裏に金箔を貼った陣笠をかぶり、錦の筒袖に小袴という立派ないでたちだった。

なかでもひときわ目をひいたのは三騎目の武家で、金梨子地鞘《きんなしじざや》に金の家紋が入った太刀を帯びていた。

金梨子地というのは、漆の上に金粉を蒔《ま》き、さらにその上に透明な漆をかけて平らに研ぎ出す蒔絵の技法だ。要するにこの武家は全身金ピカで、いちばんいい格好をしている。

六人の武家は、しずしずと馬を進めて門内へ入り、江戸城西の丸をめざしていった。

周囲を圧するその威厳に、小野は金縛りのようになってしまい、しばし路傍に立ちつくして見送ったという。

これが慶喜の一行だということを、小野はあとから知った。

先頭の山岡鉄舟は出迎え役で、そのあとに松平容保、慶喜、松平定敬、老中の板倉勝静《かつきよ》と小笠原長行《ながみち》が続いていたという。

あの金ピカの武家こそ前将軍の慶喜公だったと知った小野は、

「武家治世の終焉に遭遇し、東帰して江戸城に入る前将軍と幕僚をこの目で見たことは、じつに千載一遇のことで、なんともいえない感慨をおぼえる」

と、興奮気味に記している。

気になるのは、このときの慶喜たちのいでたちだ。

大坂城を出るときに、こんな豪華な衣装や太刀を持っていたら、すぐ見とがめられてしまう。事前に隠密を走らせ、衣装や太刀や馬を浜御殿に用意させておいたのだろう。

やはり、大坂城脱出は前々から計画されていたとしか思えない。

天下の一大事でも食にこだわった慶喜

江戸にもどった慶喜に関しては、『藤岡屋日記』という情報屋の書いた史料に、面白いエピソードが伝わっている。

ペリー来航以来、江戸では多くの情報屋が活躍していた。幕府の動きや江戸城内のようす、町でおこったさまざまな事件を庶民に伝えるひとたちで、幕府情報は幕臣が出入りする店や江戸城の下働きなどに取材していたらしい。いまのワイドショーのようなものだろう。

『藤岡屋日記』によると、浜御殿に入った慶喜は、腑抜けのようになった側近たちを尻目に家来を呼び寄せ、

「長い京暮らしでからだの油が抜けてしまった。鰻のかば焼きを買ってこい」

と命じた。しかも、「霊巌島の大黒屋で購入せよ」と店まで指定した。

さらに、「江戸城に鮪を納めておくように」とも命じた。

当時は、庶民でも赤身の魚はあまり食べなかった。いまは大人気の鮪のトロなど、すぐ腐ってしまうため、まっさきに捨てられて誰も口にしなかった。

ことに武家のあいだでは、鮪の別名の「しび」が「死日」に通じるということで敬遠されていたのだが、その不吉な魚が、じつはとてもうまいということを、慶喜は前々から知っていたらしい。

大坂城で一大饗宴を催したほどだから食い道楽だったことは確実だが、江戸に逃げ帰っ

た直後に食事の注文を次々に出すとは大胆不敵――。

ご先祖の水戸黄門こと徳川光圀は、日本で最初にラーメンを食べたことが有名で、各地からうまいものを「お取り寄せ」する元祖グルメでもあった。

慶喜のひ孫で徳川慶喜家四代当主の徳川慶朝《よしとも》さんも食通だ。いまはコーヒーの焙煎に凝っていて、週に一回、三時間かけて三〇キロの豆を煎り、「徳川将軍珈琲」と名付けて専門店で販売してもらっている。

食にこだわる血筋なのである。

さて、江戸城に入った慶喜は、右往左往する幕閣たちと次々に引見し、夜もふけてからようやく夕飯にありついた。

楽しみにしていた鮪は、正身が刺身と味噌漬にされ、アラは葱鮪《ねぎま》にされて膳に並んだ。徳川存亡の危機という一大事のさなか、慶喜は鮪のフルコースに舌鼓を打った。

よく喉を通ったものだと感心してしまう。

城中の者たちは、

「じつに闊達の君にあらせられる」

と褒めそやしたというが、内心ではどう思っていたかわからない。

こういう話はすぐ大奥にも伝わるから、

「慶喜さまは鮪のアラまで召し上がっているそうですよ」

「まあ、穢らわしい」

と、眉をひそめられていたかもしれない。

もともと慶喜は大奥では不人気だった。頑固親父の斉昭が、生前、

「軍備拡張の折から、大奥にもっともっと倹約させろ」

と、口うるさく言っていたからだ。

いざ寝る段になって、慶喜はそのしっぺ返しを食らうことになった。

将軍として江戸城に入ったことがない慶喜には専用の夜具がない。そこで家来が大奥から借りようとしたところ、

「節約令が徹底されているため、余分の夜具はございません」

と、けんもほろろに断られてしまったのだ。家来は頭を抱えた。

結局、その晩は「開陽丸」から持ってきた毛布でしのいだようだ。

大奥を敵に回すとロクなことはない。おかげで慶喜は、

「熱燗で　葱鮪をたんとやらかして　フランケン（毛布）着て　ごろ寝なりけり」

こんな戯れ歌を『藤岡屋日記』に残されるはめになってしまった。

勝海舟の秘策と尾張徳川家の決断

慶喜から事態の収拾を命じられた勝海舟は、さっそく工作を開始した。

江戸にいた諸大名を帰国させて幕藩体制が存在しないことを示す一方で、

「官軍が江戸に乱入すれば、暴徒と化した旧幕臣が横浜の外国人居留地を襲うだろう」

と、イギリス公使パークスを脅した。

さらに海舟は、おそるべき秘策を練っていたといわれる。

「箱根の山に布陣して官軍を迎撃し、江戸への侵入を防ぐ一方で、駿河の海岸に少数の兵を出してわざと負け、征東軍を清見ヶ関付近まで誘導する。

そこへ、待ち伏せしていた榎本艦隊が横ざまに攻撃する。軍艦から敵の中央を攻撃すれば、相手は壊滅するはずだ。

さらに軍艦を大坂港へ進めて西国筋との連絡を断ってしまえば、敵方は万策つきはてる。

しかし、そうなれば官軍はイギリスの協力を得て江戸に攻め込んでくるだろう。列強が介入すれば、いずれインドや清国のように植民地にされてしまうのは明らかだ。

それを防ぐためには、江戸市中のあちこちに火をかけ、官軍の将兵もろとも、すべてを灰にしてしまうしかない」

ナポレオンが灰燼と帰したモスクワで茫然とした話は、海舟も知っていたのだろう。

海舟は、江戸を焦土と化す作戦のために、新門辰五郎などの俠客や火消しの頭たちを訪ねまわって協力をとりつけた。房総に船を集めるよう手配し、江戸の町に火が見えたら江戸川に乗り入れて市民を救う手はずまでしていたという。

作戦としてはうまくできているが、そのころの徳川には箱根山まで兵を押し出すほどの力は残っていなかっただろう。江戸詰めの大名は国許に帰してしまっているし、旗本は鉄砲など持っていない。それに慶喜は抗戦派を排除しようとしていた。

江戸の焦土化作戦にしても、船をどれだけ集めたところで、百万都市の江戸市民を残らず救出できるとは思えない。

和戦両様の作戦を進めていたのは事実かもしれないが、後世に話が伝わるうちに、だいぶ話が大きくなってしまったような気がする。

海舟がさまざまな工作をしているころ、江戸城中では抗戦派と恭順派の議論が沸騰し、蜂の巣をつついたような騒ぎになっていた。

ひそかに恭順を決意していた慶喜は、小栗忠順《ただまさ》や永井尚志ら抗戦派を罷免し、薩長の将たちと窓口をもつ勝海舟や、穏健派の大久保一翁を中心とした新体制を敷いた。

さらに、京都守護職だった松平容保と、京都所司代だった松平定敬の登城を禁じた。二人は薩長に憎悪されていたため、恭順のさまたげになると考えたのだ。

容保と定敬は、失意のうちにそれぞれの領国に帰っていった。

また、慶喜はその他の諸藩の大名の登城を禁じ、江戸城には旧幕臣だけの登城を認めた。

一方、空城となった大坂城はすぐに官軍の手に落ちた。

皮肉なことに、新政府代表として大坂城を受け取ったのは、容保と定敬の実兄で慶喜のいとこにあたる尾張の徳川慶勝だった。

だが、慶勝は徳川一門として精一杯のことをしてくれたと、わたしは思っている。

大政奉還のあと、慶勝は新政府の議定という重職につき、朝廷と徳川のあいだに立って融和の周旋に奔走した。

しかし、その努力も鳥羽伏見の戦いで水の泡になり、慶勝は「討幕か、佐幕か」の二者択一を迫られることになってしまった。

御三家筆頭の尾張藩がどちらにつくか、諸藩は固唾をのんで注目し、藩内には徳川方と薩長方の密偵が入り込んで慶勝の行動に目を光らせた。

苦悩する慶勝は、大坂城の受け取りのあとも態度をあいまいにしていた。

そこに、国許の家老らがクーデターを画策していることが発覚する。藩内の佐幕派が慶勝の息子を奪って徳川軍に合流するという計画だった。

慶勝は、ただちに国許にもどり、首謀者十数名を斬首刑にしてしまった。

このクーデター計画はでっちあげだった、という説もある。尾張が朝廷方についたことを藩の内外に示すため、処罰するほどではない佐幕派に極刑をくだしたというのだ。

いまとなっては慶勝の真意はわからないが、この事件によって慶喜たちと袂を分かったのは事実だった。

その後の慶勝は、官軍の進攻コースになった東海道や中山道沿いの各藩から勤王の誓約書を集めるために尽力した。おかげで官軍は、楽々と江戸に向かうことができた。

江戸城の無血開城のとき、官軍の先鋒として最初に城中に入ったのも尾藩の藩兵だった。

維新後の慶勝は新政府の要職につかず、弟の容保と定敬の助命に必死で走りまわった。

兄弟が再会をはたしたのは、維新後十年以上もたってからのことだった。

江戸を救った二人の女性、天璋院と和宮

徳川の人間には、天璋院と和宮（静寛院）から受けた大きな恩がある。江戸城を官軍の攻撃から守り、徳川家の存続に力を尽くしてくれた。

天璋院は慶喜に請われて、薩摩の島津家や西郷隆盛にあてて手紙を書き送った。

「女のわたくしは無力ですが、徳川に嫁いだ以上は徳川家の土となり、この家が安全に長らえることを願ってやみません。わたくしの一命にかけ、なにとぞお頼み申し上げます」

慶喜を殺して革命を完結させると息巻いていた隆盛も、かつての主人である天璋院の切々たる手紙を無視することはできなかったはずだ。

和宮は、当初は孝明天皇が望んだ攘夷を実行しなかった慶喜を恨んでいたが、慶喜からの嘆願書に直筆の手紙を添えて、朝廷と官軍に向けて送った。

その手紙を運んだのは、和宮に仕えていた土御門藤子《つちみかどふじこ》。

土御門家は、天体の動きで吉凶を占ったり、暦を編纂したりする特殊な学問と技術で朝廷に仕えてきた。

藤子は、陰陽師として知られる安倍晴明《あべのせいめい》の末裔なのである。

和宮の手紙は、まず桑名にいた官軍の東海道先鋒総督・橋本実梁《さねやな》にとどけられた。実梁

は和宮のいとこにあたる。

「徳川家が後世まで朝敵の汚名を残すのは残念でなりません。なにとぞ、わたくしへの憐愍と思し召されて、汚名をそそぎ、家名が立ちゆきますよう、命に代えてお願い申し上げます。もし徳川家をお取り潰しになさるのなら、わたくしにも覚悟がございます」

幼いころから和宮を知る実梁は、乾坤一擲の手紙に心を打たれたにちがいない。

そのあと藤子は京の朝廷に嘆願書を届けたが、回答をもらうまで十日も待たされた。

慶喜の息の根をとめたい薩長と、列強の干渉を防ぐため慶喜を許して早く事態を収拾しようとする岩倉具視が対立し、なかなか結論が出なかったのだという。

ようやく朝廷の返書を受けて江戸に向かうときには、すでに官軍が東海・東山・北陸の三道に分かれて江戸に進発していた。

藤子は、同じ方向にむかう官軍のあいだを駕籠で駆け抜けた。恐ろしさで生きた心地がしなかっただろう。

だが、このひとが官軍に悪さをされて行く手を阻まれたとか、宿や駕籠の調達に難儀したという話は残っていない。まるで空気のようにすいすい移動している。

陰陽師は呪術を駆使して悪霊を祓い、あの世とこの世を往き来できるというが、まさか藤子が魔法を使ったとは思えない。常に隠密が寄り添っていたと考えるのが自然だろう。

朝廷からの返書には、

「慶喜が恭順を尽くす態度を見せるなら、徳川家の存続もありえる」

と記されていた。

まるでそれを予知したかのように、慶喜はすでに上野寛永寺内で蟄居していた。これも慶喜の霊感の強さだろうか。

江戸城無血開城の立役者は勝海舟と西郷隆盛ということになっているが、その陰には、平和的な解決に導いてくれた天璋院と和宮のはたらきがあった。

二人の尽力がなければ、江戸は官軍に総攻撃されて焼け野原となり、多くの市民が犠牲になっていただろう。怒った徳川方が反撃に転じていたら、日本は内戦状態になり、列強の植民地にされていたかもしれない。

その意味で天璋院と和宮は、日本の歴史に大きな存在を占めていると思う。

江戸を戦火から救ったのは政治の中心にいた男たちだけではなかったということは、もっと注目されてよいのではないだろうか。

もう一人の救世主、輪王寺宮能久親王

慶喜が寛永寺に蟄居したのは、仏さまにすがろうとしたのかもしれないが、寛永寺には輪王寺宮能久親王《りんのうじのみやよしひさ》（のちの北白川宮）が門主としておられたので、この方を頼りにしたとも考えられる。

輪王寺宮は、家康のブレーンだった天海僧正の発案で創設された宮家で、日光の輪王寺と上野の寛永寺を預かる門跡の称号だ。徳川将軍家の宗門である天台宗の総元締めのような存在で、江戸に常住する唯一の宮家でもあった。

仏教では、「形あるものは必ず滅す」と教えている。天海僧正は、

「徳川将軍家もいずれなくなるときがくる。そのときには朝廷の権威をお借りしよう」

と考えて、輪王寺宮をつくったのだろう。

二百数十年も先のことを見通して手を打っていたわけで、名僧知識の先見力とはじつにたいしたものだと感心するしかない。

輪王寺宮は、慶喜の助命と官軍の東征中止を朝廷に嘆願するという大役を、慶喜自身から託された。宮はまだ二十二歳だった。

二月二十一日、重い任務を負って寛永寺を出てゆく輪王寺宮を、江戸のひとびとは涙を

流して手を合わせながら見送ったという。

輪王寺宮の一行は、神奈川まで進軍していた官軍と、もろに行き違った。

大勢のお供が警護する行列は、いやでも官軍の目につく。

「雨の降るよな鉄砲のなかへ　上る宮さんの気が知れぬ　トコトンヤレ　トンヤレナ」

行き違いざまに大声で歌われ、銃剣や竹槍で輿《こし》を小突かれることもあった。

宮の乗った輿に唾を吐きかける輩さえいた。

指揮官がいくら立派でも、興奮した下級兵士の暴走は止められない。戦争とは本当に嫌なものだ。

耐えがたい屈辱を味わいながら、三月七日、輪王寺宮は駿府城に入り、有栖川宮熾仁親王と面会した。交渉の結果、

「東征を中止することはできないが、慶喜の助命については、江戸城と幕府軍艦を朝廷に引き渡すことを条件に受け入れる」

という回答をもらうことができた。

輪王寺宮は、そのあと京の朝廷にも参内して嘆願する予定だったが、熾仁親王が強く押しとどめたため、心ならずも江戸に引き返した。

なぜ、熾仁親王は輪王寺宮の参内を阻止したのか。

理由はさまざまに考えられているが、面白いのは、作家の有馬頼義《よりちか》さんの説である。

「新政府のもとで神道を復活させようとした岩倉具視が、徳川将軍家が崇敬する天台宗からの反発を警戒し、天台宗のトップである輪王寺宮を排除するために、朝廷への参内を妨害したのだ。さらに岩倉は、江戸の無血開城は海舟・隆盛会談で決まったというシナリオまでつくり、宮が駿府会談で上げた手柄を隠してしまったのだ」

有馬さんは輪王寺宮の孫にあたる。父方の祖母は岩倉具視の娘なので、具視のひ孫にもあたる方だ。

またまた「岩倉具視陰謀説」だが、わたしも、無血開城は海舟や隆盛よりもっと上のほうで決められたことだと思っている。

「それでは話として面白くない」

と誰かが考え、幕末の英雄が話し合いによって無血開城を実現させたという、ドラマチックな筋書きになったのではないだろうか。

では、海舟・隆盛会談はどのようにして実現したのか。

じつは駿府では、輪王寺宮・熾仁親王会談とまったく同時に、無血開城に関する別の会談がおこなわれていた。その主役は、西郷隆盛と山岡鉄舟であった。

「鉄舟の駿府駆け」を先導した薩摩の隠密

「三月十五日を江戸城総攻撃の日とする」

輪王寺宮が駿府城に入る前日の三月六日に、駿府の東征軍大総督府は、すでにXデーを決定していたという。

同じ日の早朝、山岡鉄舟が海舟邸を訪ねてきた。

千葉周作門下で北辰一刀流の奥義を授かった鉄舟は、その腕を買われて寛永寺で慶喜の身辺警護をしていたが、海舟とはこの日が初対面だった。

第三章で述べたように、海舟は、前年暮れにおきた三田の薩摩藩邸焼き討ち事件のとき捕縛された薩摩藩の隠密・益満休之助を引き取っていた。

「その益満とやらを同行し、駿府にいる東征軍参謀の西郷隆盛に会い、江戸総攻撃の中止を談判したい」

と、鉄舟は申し出た。

海舟は、一見しただけでこの男を信用し、捨て身の計画を受け入れた。

直木三十五は、それからの鉄舟と休之助の活躍ぶりを次のように書いている。

二人は、東進してくる官軍のなかへと飛び込んでいった。

「幕臣、山岡鉄太郎！　薩藩、益満休之助！　大総督府へ罷り通る！」

先導する休之助が大音声で名乗りをあげると、殺気立っている官軍の兵もたじたじとなった。二人は兵士たちをかきわけて東海道を一気に駆け抜け、三月九日に駿府に着くと、すぐさま隆盛と会談した。

隆盛は休之助の無事を知って大喜びしたが、江戸総攻撃の中止は確約しなかった。

しかし鉄舟は、慶喜の助命と徳川家の存続を認めるという回答をもらい、さらにそれを煮詰めるために江戸で海舟と会談をおこなう約束もとりつけた。

二人は江戸に取って返し、翌十日には海舟に交渉の成果を報告している。

この「鉄舟の駿府駆け」によって海舟・隆盛会談の道が開かれ、鉄舟は無血開城の影の立役者、ということになっている。だが、はたして本当だろうか。

鉄舟が駿府にやってきたとき、そこには輪王寺宮がおられた。鉄舟はそれを知らないはずはないのに、宮に挨拶をしにいった記録は見当たらない。

また、輪王寺宮にも鉄舟がやってきたことはまったく知らされていなかったようだ。

どうも腑に落ちないことが多いのである。

やはり、江戸の無血開城には仕組まれたシナリオがあったのではないだろうか。海舟と隆盛の会談は、三月十三日と十四日に芝の薩摩屋敷でおこなわれた。まさにXデーの直前。こんなにうまい話があるだろうか、と思うくらい絶妙のタイミングだった。二人は十三日に芝の愛宕山《あたごさん》に登って江戸の市街を見渡し、徳川の軍がまったくいないことを確認した。そのため、ハナから江戸城の攻防戦などありえないと考えていた、ともいわれる。

いずれにせよ、この会談によって海舟と隆盛は「江戸城無血開城の立役者」となり、日本近代史に燦然と輝くスーパースターになった。

話し合いの糸口をつくったとされる鉄舟は、維新後に明治天皇の侍従になった。天皇と相撲をとって投げ飛ばしたという逸話をもつ。闊達で心の広いひとだった。

一方、輪王寺宮、和宮、天璋院のことは、歴史に多少残っているが、一般にはあまり知られていない。いわば「無血開城の影の功労者」だ。

こうした方々が目立たないのは政治的な陰謀ではなく、偉いひとは表に出ない、ということだと思う。身分の高いひとは、目立つと殺されてしまうかもしれないので、そっとうしろのほうに隠れ、海舟や鉄舟や隆盛のような下の者を、立てておかないといけないのだ。

古今東西、下から上をめざすひとたちというのは、名誉や地位やお金が目的で偉くなろうと思って頑張るのだから、それはちゃんと与えてあげないといけない。

そのかわり、上のひとたちにはいろいろな特権が与えられる。徳川時代の諸大名も、明治になると華族に列せられ、爵位の高いひとたちは、普通の士族の百数十倍もの金禄公債証書、つまりお金をもらった。

ずるいと言えばずるいのだが、それでうまく均衡が保たれるわけである。

無血開城の会談の舞台となった芝の薩摩屋敷は、いまのＪＲ田町駅近くで、駅のすぐ前に「西郷・勝会見之地」の記念碑が立っている。

近年、記念碑はつくりなおされ、以前よりもぐんと立派になった。

第七章　江戸城開城

徳川幕府終焉の日

慶応四年（一八六八）四月四日午後一時、江戸城開城を告げる勅使の橋本実梁（前述のように和宮のいとこにあたる）が、新政府代表の西郷隆盛らを従えて江戸城に入城した。

勅使一行を迎えたのは、田安徳川家七代当主の田安亀之助と、その父親の徳川慶頼《よしより》だった。

慶頼はわたしの曾祖父で、敬愛をこめて「けいらいさん」と呼んでいる。亀之助は慶頼の息子（三男）だから大伯父にあたる。

勅使一行は粛々と大書院に入り、上座に着座。二の間に亀之助、大久保一翁、新政府軍の参謀などが座り、下段には徳川家の家臣たちが身を固くして並んでいた。

やがて、橋本卿から亀之助に、徳川家の処分と城の明け渡しについての朝命が伝達された。このとき亀之助は六歳と幼かったため、父の慶頼が付き添って使者に対応した。朝命によって亀之助が徳川宗家の相続人となり、慶喜はその預かりとされて命を保障された。慶喜の助命に奔走してきた慶頼と一翁は、ほっと胸をなでおろしただろう。

このとき、江戸城引き渡しは七日後の四月十一日であることも伝えられた。

といっても、江戸にいた五千人以上の幕臣や兵士たちのほとんどは脱走し、行方知れずのていたらく。自分たちが食いっぱぐれてしまうとなれば、組織やトップのことなどどうでもよくなってしまうというのは、いまも昔も変わらない。

大変だったのは大奥だ。天璋院は、

「大奥を出るくらいなら自害します」

と言い張り、動こうとしない。困り果てた幕閣たちが、

「三日間だけですから」

と嘘をつき、ようやく着替えと化粧道具だけを持って一橋屋敷に移ったという。それが大奥との永遠の別れになった。

一方、大奥のお女中たちはクビになることを察知し、実家から母親や姉妹を呼び、衣類や道具を片っ端から長持に詰め込んで、次から次へと運び出した。上を下への大騒ぎのあ

と、彼女たちの持ち物はあとかたもなく消えていた。

前日までに大奥の女性たちはすべて去り、最後に立ち退いた和宮は清水屋敷に移った。そしてついに、江戸城引き渡しの日がやってきた。

東征大総督として入城したのは、かつて和宮の婚約者だった有栖川宮熾仁親王。迎える江戸城の最後の主は、田安徳川家。

城を接収するのは、官軍の先鋒としてやってきた御三家の尾張徳川家。

松の廊下がある本丸大広間は、勝者と敗者の想いが交錯する運命の舞台となった。

この日、慶喜は寛永寺を去って謹慎先の水戸に向かった。二百名の家臣に守られた駕籠に乗り、見送りの者たちに淋しげな会釈を残して去っていった。

家康が入城してから二百七十八年。徳川家は江戸城の主としての役目を終えた。

常に江戸とともにあった徳川の世の終焉は、大政奉還でも王政復古でもなく、この日だったとわたしは思っている。

田安家から尾張家へ――江戸城開城秘話

江戸城は田安徳川家から尾張徳川家へ受け渡されたわけだが、両家のあいだには、ドラマや小説のネタになるほどの深い確執はなかった。

というのも、昔から田安家と尾張家には深い血のつながりがあったからだ。田安家からは、四代当主の斉荘《なりたか》が尾張家を継いで十二代当主になっている。だから田安家の墓所には斉荘の墓がない。系図に名前だけが残ることになった。

尾張家に入った斉荘のあと、田安家三代当主・斉匡《なりまさ》の十男・慶臧《よしつぐ》が養子にいき、尾張家十三代当主になった。

ついでにいうと、斉匡の八男が松平春嶽、九男が徳川慶頼である。

田安家が徳川の代表として江戸城明け渡しの舞台に登場したのは、なりゆきというか、自然の流れだった。

ご宗家の慶喜は蟄居して寛永寺にいたし、江戸城内に住んでいた御三卿のうち、慶喜の異母弟で清水家当主の昭武はパリに滞在中だった（のちに水戸家にもどって十一代当主になっている）。一橋家は、田安家の当主・田安亀之助が宗家を継ぐことが内定していたので、遠慮した。

そんなわけで、田安が代表となったのである。

官軍の先鋒として江戸城の接収にやってきた尾張にしても、入城したのはご家来衆で、主の慶勝がじきじきに乗り込んできたわけではなかった。

尾張と田安のご家来衆は知り合いだから争いごともおこらなかったが、お互いにあまりしゃべることもなく、ことは粛々と行われたと、田安家では言い伝えられている。

接収役が長州軍だったら、こうはいかない。

朝廷側もそのあたりはちゃんと考えていて、尾張を接収役にするのがいちばん安全だ、ということになったのだろう。あるいは、尾張家のほうから願い出たのかもしれない。おだやかにことを解決しようとする日本人らしさが、こんなところにもあらわれているような気がする。

ひとけのなくなった江戸城の本丸や西の丸は、尾張の藩兵たちが守ってくれたおかげで掠奪にあわずにすんだ。

フランス革命のとき、ベルサイユ宮殿では乱入した市民に家具まで根こそぎもっていかれたというが、大坂城や江戸城からお宝がごっそり盗まれるようなことはなかった。

たとえば、江戸城内の紅葉山《もみじやま》には「紅葉山文庫」と呼ばれる書物蔵が何棟かあった。

読書家の家康がこつこつ集めた古典籍を保存していた蔵で、菅原道真の詩文集『菅家文草《かんけぶんそう》』や、藤原定家の日記『明月記』、宋の太宗が編纂させた一千巻におよぶ辞書『太平御《たいへいぎょ》覧《らん》』など、多くの貴重な書物が含まれていた。

それらの蔵書は、開城にあたって別の場所に運び出され、天皇家が江戸城に入られたあと、一冊も紛失することなくもとにもどされた。いまは国立公文書館に入っている。

変わりダネでは盆栽だ。

江戸城には、徳川将軍家が買い集めたり献上されたりした盆栽がたくさんあり、代々のご家来衆が丹精込めて育ててきた。

その大事な盆栽を枯らしてはならないと、尾張の藩兵たちが水をやってくれたのだ。

江戸市中には盗賊や辻斬りが横行し、上野山には彰義隊が続々と集結して不穏な空気が流れている。

そんな状況下で、江戸城警備に目を光らせるいかつい武士たちが、庭の盆栽にせっせと水やりをしていたと思うと、なんだか、ほっとする。

こういう点は日本人のすてきなところだと思う。大らかで、きちんとしている。

おかげで盆栽は残り、そのまま天皇家に伝わった。いまも、皇居のどこかで大切にされていると思う。

花見の名所で勃発した江戸総攻撃の代理戦争

花見の名所として知られる上野公園のほぼ全域は、江戸時代には寛永寺の境内だった。いまの京成上野駅の近くには「黒門」と呼ばれた総門があり、そこから参道をのぼっていくと、いまの大噴水の手前に、「吉祥閣」という巨大な山門がそびえていた。吉祥閣の先には、向かって右手に釈迦堂、左手に阿弥陀堂があり、屋根付きの渡り廊下で結ばれていた。

この渡り廊下をくぐると、方形に回廊をめぐらした根本中堂があり、さらにその奥、いまの東京国立博物館のあたりに、輪王寺宮がおられた本坊があった。宮さまをはばかって、上野の花見では歌舞音曲や夜桜見物が禁止されていたという。さぞかし気づまりな花見だったことだろう。

根本中堂や本坊を中心に、山内には三十六もの子院が点在していた。

江戸城の無血開城が決まったあと、抗戦派の旧幕臣たちは彰義隊を結成し、寛永寺で謹慎中だった慶喜を慕って上野山に集結した。

江戸城が明け渡されて慶喜が水戸へ去ったあとも、彰義隊に合流するひとびとの数は増えつづけ、三千人にも達した。彼らは江戸市中で官軍と口論のすえ斬り合いになったりしたが、江戸の町人たちのなかには彰義隊に好意をもつひとも多かった。

慶頼は新政府から江戸の治安維持を命じられ、勝海舟らとともに彰義隊の暴走を抑えようと説得に奔走し、戦争を回避するために新政府とも交渉した。だが、長州の大村益次郎が武力殲滅を主張したため、逆に慶頼は交渉役を罷免されてしまった。

ついに五月十五日、益次郎率いる二万の軍隊が上野山を取り囲み、戦闘を開始した。黒門口は、薩摩軍と彰義隊の主力が衝突する激戦区となったが、夕方には彰義隊が壊滅。官軍は、本郷台の加賀前田藩邸（現在の東京大学）から大砲を撃った。また、アームストロング砲も広小路から山内を砲撃した。

戦いは一日で決着し、生き残った彰義隊士たちは根岸方面へ逃走した。

山岡鉄舟の「駿府駆け」で徳川方に協力した益満休之助は、薩摩藩遊撃隊士として参戦し、流れ弾に当たって命を落とした。二十八歳だった。

この戦いは、とても「戦争」と呼べるようなものではなかったと思う。

彰義隊は寄せ集めの軍隊で、戦力は官軍とくらべものにならなかったし、なにより戦いの大義名分がはっきりしていなかった。もし戦争という言葉を使うなら、「新政府軍による江戸総攻撃の代理戦争」ということになるだろう。

将軍びいきの江戸庶民は、彰義隊がこてんぱんにやられてしまい落胆したが、江戸の町が平和になると、そんなことはすぐに忘れてしまったようだ。

直後の五月二十八日には、両国の花火大会が数年ぶりにおこなわれ、隅田川には屋形船が五百隻以上も出て大盛況だったという。江戸っ子は気持ちの切り替えが早いのだ。

ところで、司馬遼太郎さんの小説に、上野戦争で威力を発揮したアームストロング砲をテーマにした短編がある。

以前、出版社のひとから「読後感想を書きませんか」と言われて小説を読み返してみると、前田屋敷から上野山内までの距離は一キロもなく、旧式の大砲でも弾は充分とどいただろうと思った。

司馬さんの小説を検証しようと、前田本家のご子孫の前田利祐《としやす》さんに、

「上野戦争のとき、おたくのお屋敷から撃った大砲のことだけど……」

と聞いてみたのだが、

「あのときはすみませんでした」

と言われて、それ以上質問のしようがなくなってしまい、検証できなかった。それで結局、読後感想を書くのもお断りしてしまった。

田安家の墓参りと西郷の銅像

上野の戦火で、寛永寺の歴代徳川将軍の墓所は甚大な被害をこうむった。

墓所は国立博物館の裏手にあるが、非公開である。広さは、ざっと一万坪ほどだろうか。

それぞれの将軍の墓には門があり、奥のほうに墓碑が建っている。昔は霊廟もあったのだが、上野戦争や太平洋戦争の空襲で焼けてしまった。

ただ、五代綱吉の墓だけは、霊廟の建築群のうち勅額門や奥院の唐門、宝塔などが残っていて、国の重要文化財に指定されている。歴代将軍のなかでは家康、家光につぐ、それはもう立派な霊廟だ。

田安家の墓も寛永寺にある。

歴代将軍の墓所とは別の一画で、広さも比較にならない。せいぜい五百坪ほどだ。

ここには、代々の田安の当主と正室が入っている。たくさんいた側室たちの墓も、同じ墓所内にある。

ただし先に述べたように、尾張家を継いだ四代斉荘と、ご宗家を継いだ七代家達の二人の墓は、ここにはない。

墓所には年に六回はお参りしている。春秋のお彼岸、お盆、年末とお正月。それに、初代宗武《むねたけ》公の命日の六月四日（旧暦）を先祖祀りの日としているので、この日もお参りする。お参りに行くと、八基ある歴代当主の墓すべてにお辞儀はするが、お花は途中を省略させていただき、初代と十代（わたしの両親）の墓にだけ手向ける。

もともと田安家の菩提寺は、寛永寺の塔頭《たっちゅう》のひとつ凌雲院《りょううんいん》だったのだが、昭和になって西洋美術館がつくられるとき政府にゆずり、墓所も移した。

そのとき、位牌を祀る御霊屋《おたまや》を、寛永寺のなかの別の場所に建てた。お盆と年末には、この御霊屋にもお参りするので、それだけで一時間半ぐらいかかってしまう。

そこは二千坪ほどの敷地で、将軍家の御霊屋と御三卿の御霊屋が並んで建っている。綱吉の霊廟があるのはこの奥だ。寛永寺のずっと奥のほうにあるので、上野戦争のときにも官軍は存在を知らず、破壊されずにすんだのである。

その後、上野山は明治政府お抱えのオランダ人医師ボードウィンの提案で公園として整備され、明治三十一年には、公園のシンボル、西郷隆盛像の除幕式がおこなわれた。除幕式という言葉は、このとき日本ではじめて使われたそうだ。

除幕式に参列した隆盛の未亡人イトは銅像を見るなり、

「うちの主人はこんなひとじゃなかった」

と口走り、周囲をあわてさせたとか……。

子供のころは、お墓参りとセットで上野動物園や東京科学博物館（いまの国立科学博物館）に、よく連れて行ってもらった。

西郷さんの銅像の前も、父といっしょに何度となく通ったが、どういうひとなのか教えてくれたことはなかった。

父は彰義隊の慰霊墓碑も見せてくれたが、

「これが彰義隊の碑だよ」

と言うだけで、詳しい話はしてくれなかった。

たぶん、説明しにくかったのだ。

「西郷隆盛というのは、徳川の天下をひっくり返したやつだ」

「彰義隊は、徳川のために勝ち目のない戦争をして命を落としてしまったひとたちだよ」

と言うわけにもいかない。徳川の末裔としては、説明に困ってしまうのである。

「十六代」になった田安家当主、徳川家達

上野戦争のあと新政府は、徳川宗家の相続人・徳川家達（田安亀之助）を駿府に転封し、七十万石の封禄を支給すると発表した。

それまで徳川家の石高は四百万石といわれてきたから、六分の一近くに減らされたことになる。旧幕臣にとっては大きな衝撃だった。

慶応四年七月二十三日、慶喜は家達よりひとあし先に榎本艦隊の「蟠龍丸」で清水に送られ、二代将軍秀忠の生母・西郷局の菩提寺、駿府の宝台院で謹慎生活に入った。

「蟠龍丸」は英国で建造された英王室用のヨットで、もとの名は「エンペラー」といった。ヨットとはいえ蒸気軍艦で、建造の一年後（一八五八年、安政五年）に、十三代将軍家定に寄贈されたのである。この年、英国はインドを完全に支配下においたが、日本に対しては礼節を尽くし、英国艦隊も長崎にしか来航しなかった。

「蟠龍丸」は軍艦として箱館戦争で活躍し、官軍の「朝陽丸」を撃沈した。また、王室用の貴賓室を備えていたため、輪王寺宮が江戸から東北に脱出したときにも使用された。

慶喜は翌年九月には早くも謹慎を解かれ、旧駿府代官屋敷に転居したが、静岡に汽車が通るようになると、騒音を避けるために別の屋敷に移った。

一方、家達は慶応四年八月九日に陸路、駿府に向かった。駕籠に乗った家達を百数十人の家臣が守り、沿道の人々は徳川の行列と知ると土下座して見送ったが、官軍の兵士たちのなかには、空に向けて鉄砲を撃ってからかう者もいた。耳をつんざく鉄砲の音を間近で聞けば、大人でも飛び上がるだろう。禁門の変のとき、十三歳だった睦仁親王（明治天皇）は、恐ろしさのあまり卒倒したという。ましてや家達は数えで六歳。いまなら幼稚園の「年中組」だ。それでも家達は耳をふさいで必死に耐えた。いたいけな姿に、家臣たちは涙を流した。

一行は十五日に駿府に着いた。駿府藩をとりしきる幹事役には勝海舟と山岡鉄舟が就任し、家達の指導には大久保一翁があたることになった。

そこではじめて海舟に引見した家達は、

「一翁ともども万端よきに頼む」

と、はっきりとした口調で言葉をかけたという。

幼い家達は、江戸城の開城から駿府転封まで、徳川の世の幕引き役をみごとに果たしきったと思う。徳川幕府の終焉が江戸城開城だとすれば、家達こそが最後の将軍だった、といえるかもしれない。

じつは、家達には以前にも将軍になるチャンスがあった。

大坂城で亡くなった将軍家茂が、生前、「田安亀之助を世継ぎに立てたい」ともらしていたのだ。しかしこのとき亀之助は数えで四歳で、幼すぎたため慶喜が将軍の座についた。そして、そろそろ将軍に就任してもよさそうな年頃になったとき、肝心の将軍の座が消えてなくなっていた。

世が世なら将軍として力を発揮できていたかもしれない家達は、ご家来衆からのちのちまで「十六代さん」と呼ばれた。

榎本艦隊、北上す

江戸城の開城とともに、旧幕府の軍艦はすべて新政府に引き渡されるはずだった。

ところが徳川方は、品川沖に停泊していた八隻の軍艦のうち、「富士山丸」「観光丸」「朝陽丸」「翔鶴丸」の四隻しか渡さなかった。

「富士山丸」は新艦だったが、「観光丸」(もと「スームビング号」)と「朝陽丸」(「咸臨丸」と同型船)は老朽艦、「翔鶴丸」は軍艦ですらなく、ただの武装商船だった。

海軍奉行の榎本武揚が頑として引き渡しに応じなかったため、勝海舟が苦肉の策としてボロ船を新政府に差し出したのだが、それですんでしまったのだから妙な話だ。

残った四隻の軍艦（「開陽丸」「回天」「蟠龍丸」「千代田形」）は、しばらく品川沖と銚子沖のあいだを行ったり来たりしていたが、家達が無事に駿府に着いたと知らされると、武揚は全艦隊を率いて江戸湾を脱出し、北へと向かった。

軍艦のほかに、輸送船四隻と二千人あまりの将兵も従えていた。輸送船のなかには、あの「咸臨丸」も含まれていた。

武揚の目的は二つあった。

一つは、奥羽越列藩同盟を助け、官軍と徹底抗戦することだ。

そのころ、東北・越後の三十一藩は、「朝敵」とされた会津藩に同情して奥羽越列藩同盟をむすび、新政府に対して会津討伐の中止などを求めていた。

奥羽越列藩同盟は、寛永寺から逃れてきた輪王寺宮を「東武天皇」として擁立し、東北に独立政権を立てることまで構想した。

そのために榎本艦隊の力を借りようと、前々から武揚に北上を要請していた。むろん、これは輪王寺宮の意思ではなく、すべて周りがやったことである。

二つ目の目的は、武揚自身がかねて計画していた蝦夷地行きを実行することだった。

かつて蝦夷地を視察したことがある武揚は、困窮した旧幕臣に蝦夷地の開拓をさせながら北辺の護りを固めようと考え、蝦夷地の下賜を新政府に願い出たのだが許されず、独断で蝦夷地をめざそうとしていたのだ。

ところが、北上する途中で榎本艦隊は大嵐に巻き込まれて散り散りになってしまい、奥羽越列藩同盟の諸藩と新政府軍との戦いに間に合わなかった。

結局、仙台などで敗残兵を収容して蝦夷地に向かうことになった。

箱館付近に上陸したのは十月半ばで、すでに明治と改元されていた。

五稜郭にたてこもり、「蝦夷共和国」の仮政府を樹立したものの、各国が明治新政府を唯一の政権と認めたことで、榎本軍の劣勢は決定的になった。

そして明治二年五月、五稜郭は新政府軍の総攻撃をうけ、武揚は降伏。東京で入獄した。

幕府海軍の重鎮が抱いた独立共和国の夢ははかなく消え、一年半におよんだ戊辰戦争は、ここにようやく終結したのだった。

「武装中立」をとなえた長岡藩家老、河井継之助の誤算

戊辰戦争に臨んだ東北越後の諸藩のなかで、他に例のない立場をとっていた藩がある。

「武装中立」をとなえた越後の長岡藩だ。

筆頭家老の河井継之助《つぐのすけ》は、官軍側にも列藩同盟にもつかない中立の立場を貫き、両者のあいだを取り持って内戦を回避させようとした。

その一方で、藩士全員に銃を持たせて軍隊を強化し、江戸藩邸の家財をすべて売り払った金で、日本に三門しかなかったガトリング砲を二門も買い入れた。

ガトリング砲は、一分間に百五十発から二百発の弾を速射できる連発機関砲で、一門が一万二千両もする高価な武器だったが、この砲はアメリカ南北戦争に用いた中古品だった。

長岡藩は官軍から、「軍資金三万両と兵を差し出せ」と命じられたが、継之助は強力な武器と軍隊を盾に黙殺したうえ、中立を認めさせるために官軍に交渉を申し入れた。だが、

「なにを勝手なことを申すか。いますぐ恭順か否かを明確にせよ！」

官軍の代表に恫喝されて交渉は決裂。

長岡藩はやむなく「中立」を捨てて奥羽越列藩同盟に加盟し、長岡城をめぐる官軍との熾烈な攻防戦に突入してしまった。

一度は官軍の手に落ちた城を奇襲作戦で奪い返したものの、継之助は自慢のガトリング砲を充分に活かせないうちに左足を撃たれ、指揮をとることができなくなった。

兵士たちの士気は一気に低下し、城はふたたび官軍に落とされた。藩主父子と兵士たちは会津に逃れ、継之助も担架にのせられて会津藩領に入ったが、手当の甲斐なく悲運の最期をとげた。

出陣した藩兵千人あまりのうち三分の一は戦死し、長岡城下は壊滅状態となった。戦後は「賊軍」とされ、領地を三分の一以下に削られた。

家禄百二十石から身をおこし、筆頭家老にまで昇りつめた俊才の継之助は、当時としては独創的な「武装中立」という考え方や、最新鋭の武器に絶大な自信をもっていた。皮肉にも、その自信が、長岡藩とみずからの運命を悲劇の結末へと導いてしまった。

語りつがれる会津藩の悲劇

山口から会津に出張してきたビジネスマンが、タクシーに乗った。

「お客さん、どちらから?」

「山口県です」

答えたとたん、運転手は顔色を変えて言った。

「金はいらない。さっさと降りてくれ!」

官軍の砲撃によって破壊された鶴ヶ城天守閣

会津人がいかに長州に深い恨みをもちつづけているかを示す話だ。

しかし、これはたぶんつくり話だろう。誇張しすぎ、という気がする。

ただ、山口県人に対して複雑な思いを抱いている会津人が多かったことは否定できない。

歴史をひもとけば、無理もないことなのである。

江戸城が明け渡されたあと、新政府にとって最大にして最後の敵は会津藩だった。

松平容保が家督を養子に譲って恭順を示しても認めず、会津征討の中止を願う嘆願書を提出しても一蹴し、会津藩を叩いて抵抗勢力を根絶やしにしようとした。

また、当時の新政府には、とにかく戦争をして多くの領地をぶんどる必要があった。国家財政の基盤となるものがなにもなく、徳川家の財産を取り上げたくらいでは間に合わなかったからだ。その意味でも、会津は格好のターゲットにされてしまった。

雲霞のごとく押し寄せた官軍は白河城と二本松城を奪い、奥羽越列藩同盟の足並みが乱れはじめた慶応四年八月二十三日、一気に鶴ヶ城（会津若松城）を包囲し、総攻撃を開始した。

このとき出陣した白虎隊（士中二番隊）が、紅蓮の炎と黒煙に包まれた鶴ヶ城を見て落城したものと思いこみ、飯盛山で次々と自刃して果てた悲劇は、あまりにも有名である。

上級藩士の子弟からなる白虎隊のメンバーは、いまの中・高生ぐらいの年齢で、実戦の経験がまったくなかった。

彼らが持っていたゲベール銃は、長さ一五〇センチ、重さは四キロもあったという。大柄な外国人なら使いこなせるだろうが、初陣の少年は担いで歩くだけでもつらい。まして彼らは、降りしきる雨のなか、飢えと寒さと疲労に耐えながら担いでいた。

ほかに使われた銃は、弾を一発ずつ先込めする旧式のものだった。

徳川幕府のために資金を提供しつづけてきた会津藩には、新式の武器を少年兵にまで与える余裕はなかったのである。

白虎隊士たちが見た炎は城下の一部が燃えたもので、まだ城は健在だった。

しかし、それから一ヵ月間も孤立無援の籠城戦がつづいた。

藩臣の家族のなかには、籠城をうながす鐘の音を聞きながら、足手まといになってはいけないと集団自決する者も多かった。

ある藩臣の妻は、老父母を介錯したあと、わが子三人を刺殺し、家に火を放ったうえ井戸に身を投げた。

なにもわからずに死んでゆく幼子《おさなご》の口に、菓子を含ませてやる母親もいたという。

籠城したおよそ五千人のうち、千人ほどは上級武士の妻や娘たちで、負傷者の手当てや炊き出し、弾薬づくりなどを率先しておこなった。

だが、兵力の差はいかんともしがたく、雨あられのように撃ちこまれる砲弾の前に人々は倒れていき、九月二十二日、ついに鶴ヶ城に白旗が掲げられ、会津藩は降伏した。

会津戦争の犠牲者は数千におよび、城下にはおびただしい数の遺体が散乱していたが、新政府は遺体の埋葬を禁じて野ざらしにした。

戦争とは残酷なものだが、この仕打ちはあまりにもひどすぎたと思う。

死んで仏さまになれば、敵も味方もなく丁重に弔うべきではないか。

会津藩の悲劇はこれにとどまらなかった。

新政府は領地二十八万石を没収、容保は死一等を減じて永禁錮としたあと、容保の実子に家名再興を許し、極寒の下北半島に三万石を与えた。

つまり、藩主家も藩もいったん消滅させたうえで、とうてい藩士全員を養えない石高に減封し、藩祖・保科正之（二代将軍秀忠の子）以来の領地を取り上げ、未開の荒れ地に飛ばした、ということになる。

移住先では、老人や子供が飢えと寒さでばたばた死んでゆき、人々は「逆賊」として差別された。

この戦後処理に薩摩はかかわらなかったようだ。会津の人々の胸のなかには、長州に対する深い恨みが刻まれた。

誰よりも天皇を尊敬してきた容保が「朝敵」にされ、婦女子までもが死後も屈辱を受け、ご先祖たちはいわれのない差別を受けながら悲惨な生活を強いられた——。

その思いは、百年や二百年で消せるものではないだろう。

ところで、会津松平家の十三代当主・松平保定《もりさだ》氏は、わたしより少し年上で、親しみをこめて「ほていさん」とお呼びしている。

この保定氏が、「靖国神社の宮司に」と打診されたことがあった。靖国神社の前身は東京招魂社という。大村益次郎の提案で、戊辰戦争の官軍側戦没者を慰霊するために創建された。徳川方の戦死者は祀られていない。

保定氏は辞退したが、「どうしても」と請われ、三ヵ月も悩んだ。

かつて会津藩士の子弟たちは、七ヵ条の「什《じゅう》の掟」によって会津魂を培った。

「うそを言うてはなりませぬ、弱い者をいじめてはなりませぬ……」

という教えで、現在でも子供たちに伝えられているという。

掟の最後は、「ならぬことはならぬものです」。

最終的に、保定氏は宮司の話を断った。

「薩長が祀られ、賊軍とされた会津の戦死者が祀られていないのに、会津人として、お受けするわけにはまいりません」

ご当主みずから、「ならぬことはならぬ」の会津魂を示したのである。

エピローグ

明治になって活躍した幕閣・幕臣

「上からは　明治だなどと　いうけれど　治明（おさまるめい）と　下からは読む」

元号が慶応から明治になったとき、江戸ではこんな狂歌がつくられた。

将軍のお膝もとで暮らすことを誇りにしてきた江戸の庶民には、官軍への反発がかなりあったようだ。

もっとも、一橋家の慶喜が将軍になったときには、

「大樹（家茂）をば　倒して架けし　一つ橋　渡るもこわき　徳川の末」

という狂歌が出回ったし、もっとさかのぼって家康が天下を取ったときには、

「織田がつき　羽柴がこねし　天下餅　ただ楽々と　食うは徳川」

と詠まれた。いつの時代も、権力を握った者は批判の矢面に立たされるのだ。

それにしても、言論の自由がなかった時代に、社会批判や政治批判をユーモアと風刺にくるんで表現していた庶民の感覚はすばらしい。なにかあるとすぐに「けしからん」と目を三角にする現代人より、よほど余裕があったように思う。

さて、「おさまるめい」と揶揄された明治の世は薩長勢の天下だったが、そのなかで新政府の要職についた徳川の旧幕閣・幕臣も少なくなかった。

箱館戦争に敗れて投獄された榎本武揚は、豊富な国際知識が見込まれて特赦になったあと、北海道開拓使や海軍卿をはじめ外交内政のさまざまな分野で重用され、特命全権公使として樺太と千島列島の交換も成立させた。

明治最高の技術官僚《テクノクラート》と称された武揚だが、「徳川幕府は自分に留学の機会を与えて育ててくれた」という恩義を終生忘れず、徳川家への臣下の礼をくずさなかった。

のちに慶喜が公爵になったときのことだが、お祝いに集まった旧幕臣たちが記念撮影をしようとすると、武揚の姿がない。あとでわけを聞くと、

「旧主と肩を並べて撮影などという失礼なことはできぬゆえ、遠慮申し上げた」

と答えたという。

武揚とともに五稜郭で最後まで抵抗した幕府陸軍のトップ大鳥圭介や幕閣の永井尚志も、

出獄後は新政府に出仕した。圭介は開拓使、工部技監、学習院長、枢密院顧問、清国特命全権大使などを歴任し、尚志は元老院大書記官になった。

実業界の巨星・渋沢栄一は、一橋家の家臣から幕閣にとりたてられたひとである。パリ万国博覧会に出席した慶喜の弟・徳川昭武に随行し、西洋の産業や経済の知識を深めていたところに、幕府瓦解の報がとどき、急遽、帰国した。

駿府に移住して余生を慶喜に捧げようとしたが、新政府に命じられて大蔵省に出仕。財政制度の確立や殖産興業の推進に努めたことはご存知のとおりだが、栄一翁は慶喜の自伝や回想録の編纂にもたずさわり、最後の将軍の実像を後世に伝える役割もはたしてくれた。

慶喜のブレーンだった西周は、山縣有朋に迎えられて兵部省に出仕し、東京学士会院（現在の日本学士院）会長や元老院議官などもつとめた。哲学、教育の分野に大きな影響を与え、フィロソフィーを「哲学」と訳したひととしても有名だ。

ただ、こうした人々の活躍を批判する旧幕臣もいた。

外国奉行に属して外交文書の翻訳をしていた福沢諭吉は、

「明治政府で出世するなど旧幕臣としてあるまじきこと。武士としての意地はないのか」

という「瘦我慢の説」を武揚らに突きつけている。

わたしは大学が慶應義塾なので、福沢先生に楯突く気はもうとうないのだが、徳川の幕閣・幕臣が明治政府で重責を担ったのは、むしろ当然のことだったと思っている。彼らが徳川時代に培った見識や組織力、豊富な情報は、新しい時代にも必要とされた。明治政府にとって、徳川幕府は人材の宝庫だったのである。

もうひとつ付け加えると、幕府最後の政事総裁だった松平春嶽は、明治元年の初日に新政府の議定、ついで民部官知事（内国事務総督となっている資料もあるが、松平家が霞会館にとどけた役職名は民部官知事となっている）に就任し、翌二年には民部卿、大蔵卿などを歴任、明治三年に退官した。

なお、同時に宇和島藩の伊達宗城は議定、外国事務総督に任ぜられている。のちに両人とも侯爵に叙された。

明治政府は、幕府の政治家をちゃんと中枢におき、いわゆる引き継ぎをしたのだ。春嶽は、「幕府ではこうだった、ああだった」と政府の役人にサジェスチョンを与えただろう。

御三卿田安家から御家門筆頭の越前松平家に入り、「四賢侯」の一人として幕府を支えた春嶽は、旧政府（幕府）と新政府の橋渡し役を終えたあと、著述に専念する生活を送った。

「日の丸」も「君が代」も徳川の遺産

徳川幕府は、優秀な人材のほかに、大きな遺産というべきものをのこした。

「日の丸」と「君が代」である。

「日本の国旗や国歌が、賊軍といわれた徳川のもの？　そんな……」

と思われるだろうが、事実は小説より奇なり――。

日の出の太陽をかたどった「日の丸」は、戦国時代から多くの武将に旗印として使われていたのだが、色やデザインはまちまちだった。

「白地に赤く　日の丸染めて」とうたわれる日章旗が、正式に国を代表する旗とされたのは、安政元年（一八五四）のことだ。

老中首座の阿部正弘が、「外国船と幕府軍艦を区別するために、日の丸を国の旗としてほしい」と具申した薩摩藩主・島津斉彬や水戸の徳川斉昭と協議して、

「日本国惣船印《そうふなじるし》（軍艦旗）は白地に赤い日の丸の旗を用いるように」

と布告したのだった。

翌年、島津斉彬は、アメリカ帰りのジョン万次郎から聞き出した米国船の構造を参考に

して、洋式帆船「昇平丸」を建造し、幕府に献上することになった。「昇平丸」のマストには、国の旗に定められたばかりの日の丸がひるがえっていた。

万延元年（一八六〇）、日の丸は「御国惣印」つまり国旗に昇格したのだが、戊辰戦争で「賊軍の旗」になってしまった。榎本武揚も、五稜郭に日の丸を掲げて抗戦している。

フランス革命ではフランスの国旗が変わったが、江戸時代に幕府が制定した日の丸は、不思議なことに、明治政府のもとでも引き続き「船舶用の国旗」として使用された。

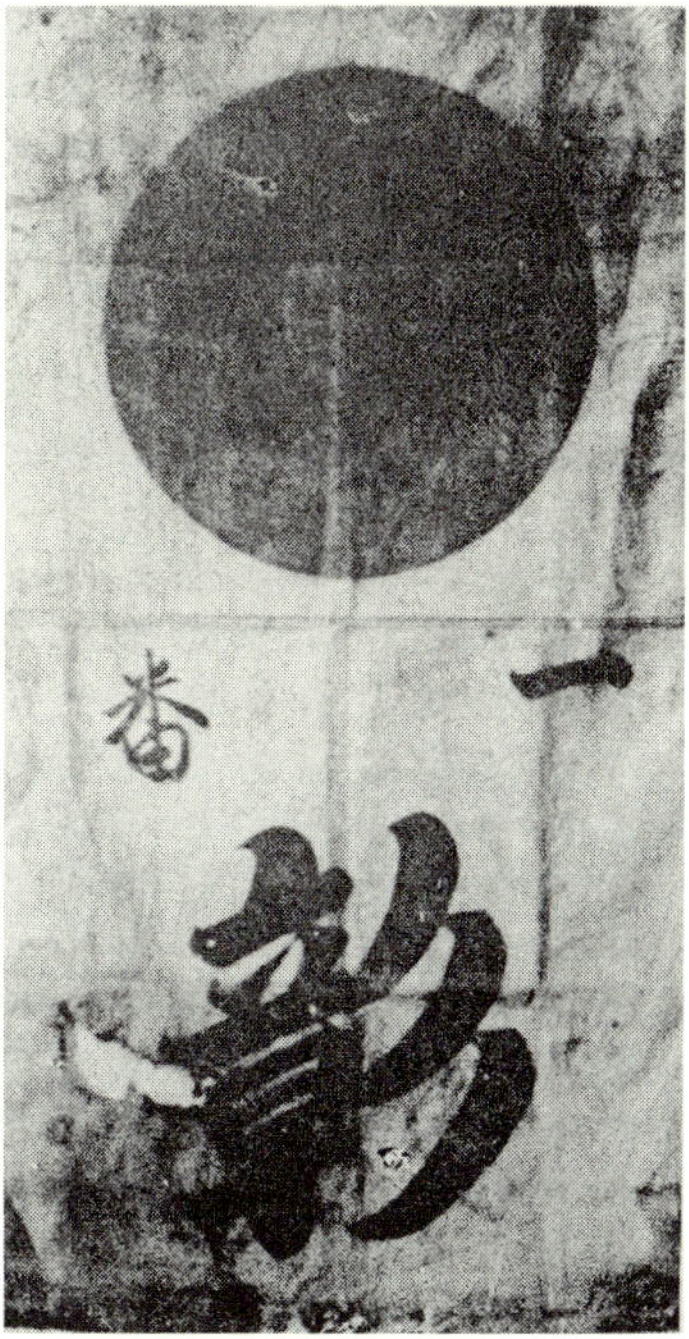
彰義隊の日の丸

「賊軍旗」をそのまま明治に持ち込むのは具合が悪いのでは――と思うひともいたかもしれないが、明治政府は江戸幕府が外国とむすんだ外交文書をそのまま引き継いでいるので、けっしておかしなことではないと思う。

すでにそのころ日の丸は、諸外国から「日本の国旗」として認知されていた。簡潔な美しさが日本人の感覚にも合っていたため、あえて変更しなかったようだ。

そのあと明治政府は、明治三年に太政官布告により、日の丸を船に掲げる国の旗とした。日清・日露と戦争が続くうち、「日の丸は日本の旗だ」という意識はどんどん高まっていき、太平洋戦争に突入しても法制化されないまま、一種の慣例として「大日本帝国の国旗」とされていた。敗戦後の一時期は占領軍の命令で掲揚が禁止されたが、その後もずっと国旗として扱われてきたのだった。

「君が代」に関する話はもっと奇妙だ。なんと、この歌は大奥でうたわれていたのだった。

徳川の時代、江戸城大奥には、「おさざれ石」という元旦の儀式があった。

早朝、大奥の廊下に盥《たらい》が据えられる。なかには石が三つ並べられていた。

御台所と中臈《ちゅうろう》（大奥の女官）が、その盥をはさんで向き合って正座する。

「君が代は　千代に八千代に　さざれ石の」

と中臈がとなえると、御台所がそれを受けて、

「巌となりて　苔のむすまで」

と下の句をとなえ、新年を寿ぐという儀式だった。

この歌は、江戸時代初期に流行した「隆達節《りゅうたつぶし》」という小唄だというが、よく似た和歌が『古今集』にある。こちらは、初句が「君が代は」ではなく、「我が君は」になっている。隆達節は、それをアレンジしたのかもしれない。

通説では、この歌詞に宮内省が明治十三年に曲をつけ、現在うたわれている「君が代」になったとされているが、司馬遼太郎さんは、「歴史の不思議さ――ある元旦儀式の歌」というエッセイ（中公文庫『歴史の中の日本』に所収）で、まったく違う説を展開されている。とても面白い説なので、興味のある方は読んでみていただきたい。

いずれにせよ「君が代」は、徳川の時代からうたわれていた奉祝歌だった。

それが明治以降は、天皇の治世を祝う歌として日本中でうたわれるようになった。わたしと同年代の方々は、戦時中に数えきれないほどうたったはずだ。

ただし、法律で国歌に制定されていたわけではなく、日章旗と同様、慣例で国歌として扱われていただけだった。

日の丸と「君が代」が法律で正式に国旗と国歌に定められたのは、平成十一年八月十三日のこと。まだ十年ちょっとしかたっていない。意外といえばこれも意外だ。

日本の国旗も国歌も、じつは徳川幕府がのこしたものだと知るひとは、ほとんどいない。

司馬さんがおっしゃるとおり、歴史というのは、じつに不思議なものである。

徳川に忠誠をつくした勝海舟

維新後の勝海舟は、徳川家の名誉挽回に奔走する一方で、天下のご意見番として歯に衣着せずに明治政府の政策を批判することもたびたびあった。

こんなエピソードがある。

維新後に、西洋人が日光東照宮を三十五万円で買いたいと言ってきたことがあった。

当時は、廃城令によって徳川時代の城が破壊や売却の憂き目にあい、神仏分離令によって廃仏毀釈の嵐が全国に吹き荒れ、多くの仏像が打ち壊されていた。

古代以来の神仏習合を禁じ、人々が素朴な信仰心を寄せてきた道端の石仏まで木端微塵にしてしまったことを、批判する歴史家もおられる。

わたしも、あれはちょっとやりすぎだったのでは、と思わざるをえない。

一時の勢いで貴重な遺物を壊してしまうのは日本人の特性のようで、太平洋戦争のあとも似たようなことがあった。それをあとになって莫大な金をかけて復元したりする。節約家で知られた家康の血を引くわたしとしては、ああ、もったいない……と思ってしまう。

さて、明治政府には、徳川幕府の開祖を祀る東照宮への畏敬の念は特になかったようで、

「この際、日光のほうは売り払い、久能山の東照宮と一つにまとめてしまおうか」

と考え、大久保利通と三條実美から海舟のところに打診があった。

「ひとさまの古廟を潰して、それで活計を立てようというのか。みっともない話だ」

海舟がきびしく忠告したため、この話はオジャンになり、日光東照宮は外国に売られずにすんだという。

海舟が救ったのは東照宮だけではない。

華族に列せられた殿さまたちは、武士の特権をすべて奪われても、新政府から高額な公債証書を与えられたが、ただの士族が受け取った額は微々たるもの。おまけに旧幕臣は、薩長勢が牛耳る政界や軍隊に活躍の場もなく、生活が立ちゆかなくなっていた。

そんな人々を援助するために、海舟はさまざまな授産事業を興した。

その一つに、静岡でのお茶づくりがある。

当時の駿府には、宗家を継いだ徳川家達を慕う旧幕臣が続々と移住していた。家族もふくめるとその数は数万にも達し、あえぐようにして自給自足の生活を送っていた。

刀を捨てて鍬や鋤を手にし、荒地を開拓する苦労は並大抵のものではない。ことに大井

川下流西岸の広大な牧之原台地は、水利に乏しく作物の栽培に適さない土地だった。

海舟は、この地をどのように開拓すべきか地元の人々と話し合い、お茶を植えるという妙案を思いついた。二百戸以上の旧幕臣を牧之原に入植させ、台地の一角を開拓して茶畑を開き、質の良いお茶をつくらせたのだ。

豊富な人脈を使い、東京の多くの茶舗に静岡茶を紹介し、販路も拡大した。また、輸出にも努力した。

静岡茶の生産量が日本一になったのは、もとをただせば海舟の事業のたまものなのだ。

このひとは目利きでもあったようで、骨董品売買の仲介もさかんにやっていた。趣味や金儲けではなく、その利益を困窮した旧幕臣に貸し出すためだった。このシステムは「徳川銀行」と呼ばれた。

これほど熱心に旧幕臣の面倒を見たのは、もともと海舟が世話好きだったということもあるかもしれないが、なにより、徳川家を大事に思っていてくれたからにほかならない。

新政府の海軍卿や枢密顧問などをつとめて陽のあたる道を歩みながら、徳川家への忠誠心と責任感をもち続けた勝海舟は、明治三十二年(一八九九)一月十九日、七十六年の生涯を終えた。

「これでオシマイ」

最期の言葉は、いかにもこのひとらしいものであった。

天皇家に大切にされた慶喜の幸福な老後

慶喜は駿府（静岡）で通算三十年近い閑居生活を送った。

京時代には睡眠薬をもらわないと眠れなかったひとが、静岡では文句も言わずに多彩な趣味に明け暮れたのだから、精神的にずいぶんたくましくなっていたのだろう。

静岡では、永井尚志などの抗戦派旧幕臣とはいっさい交流せず、たまたま外で昔の家来に出会って挨拶をされても、会釈も返さなかった。

そのため「冷たいひとだ」といわれたが、これは海舟の助言を受け入れたからだという。

「徳川の世にもどそうと考える者たちに利用され、神輿《みこし》に担ぎあげられれば、今度こそ徳川家は完全に叩き潰されてしまいます。けっして、かかわってはなりませぬ」

昔の家来と言葉を交わせば、徒党を組んで徳川の返り咲きを企んでいると勘ぐられてしまう危険があった。そういうことがないように、慎重に行動していたのだ。西郷隆盛のように世話好きなひとは、結局、有終の美をまっとうできなかった。

晩年、趣味であった狩猟姿の慶喜

慶喜は、あれだけ得意だった乗馬もいっさいすることがなかった。将軍時代の思い出をきっぱり断ちきったのだと思う。

代りに熱中したのが自転車で、静岡の町をご家来をつれて走りまわった。あまりの速さに、ご家来衆は誰もついていけなかったという。

静岡では、側室とのあいだに二十二人も子供をつくった。

新村信《しんむらのぶ》と中根幸《なかねこう》という二人の側室で、信さんは広辞苑の編纂で有名な新村出《いずる》の義姉にあたる。

二十二人の子のうち、育ったのは十三人だった。わたしの祖父に嫁いだ鏡子は、どちらが母親かはっきりしないが、あとの十二人は信と幸が六人ずつである。

その間に慶喜は徐々に名誉を回復し、還暦を機に東京にもどったときには従一位になっていた。将軍時代の官位は正二位だったから、それより出世したことになる。

「慶喜が政権を返上したおかげで維新がなった。功労者として大事にしよう」

という空気が、ときがたつにつれて天皇や政府要人のなかに生まれていたのだ。

東京にもどった翌年の春には、ついに天皇皇后両陛下に拝謁し、両陛下から温かいお言葉をかけられ、お酒までいただだいた。

しかも、皇后みずからが慶喜の盃にお酒を注いでくださったのである。

皇后が誰かにお酌をすることなど絶対にあり得ない。これは大変なことだった。

慶喜が帰っていったあと、天皇は総理大臣の伊藤博文に、

「これでやっと肩の荷がおりた」

と話されたそうである。

明治三十五年六月三日には、徳川慶喜家が創設され、公爵を授けられた。

以後、小日向《こびなた》の第六天町（現在の文京区春日二丁目）の屋敷では、六月三日が最も大切な記念日となった。毎年、この日には「御授爵の宴」が催され、ご家来衆は紋付に羽織袴、お女中たちは紋付に丸帯という正装で、宗家の家達や親族、旧幕閣を迎えていた。

天皇家から大切にされて、老後はとても幸福だった。

慶喜が多くの趣味に没頭したのは有名だが、老境の趣味生活は微笑ましい。

将軍時代に西周から教わったフランス語は、あまりものにならなかったようだが、ひとに教えるのは好きだったようで、

「語学を教えてやろう」

と、よくご家来衆に言っていたそうだ。もっとも、家来たちは「御用繁多でございますので」と、体よく理由をつけて逃げ回っていたらしい。

囲碁にも熱心に取り組んでいた。

あるとき、碁の先生が八歳くらいの小さな女弟子をつれてきて、脇で対局を見学させたことがあった。

この女の子にとっては、師匠と対局している老人が前将軍だろうが公爵であろうが関係ない。碁の上手下手だけを見ていた。あとで慶喜は、

「わたしが一目置くと、あの子が横でフフンと笑うのだ。あれには弱った」

と、苦笑してぼやいたという。

老いてなお盛んな趣味生活だったが、大正二年十一月初旬、慶喜は風邪をこじらせて寝

ついてしまい、二十二日午前四時四十分、激動の人生に幕を下ろした。享年七十七。

あの世に行くとすぐ、和宮のもとにお礼に参上したのではないかと思う。

明治十年九月二日、和宮は転地療養先の箱根で三十一年の短い生涯を終えていた。

「静寛院宮贈一品内親王好譽和順貞恭大姉」

これが和宮の戒名である。

東京にもどってからの慶喜は、和宮の命日には必ず増上寺の墓前で手を合わせていた。

「宮のことを考えると涙が出る」

と、よく口にしていたという。命の恩人である和宮に、心から感謝していたのである。

慶喜の墓は神式で、寛永寺の将軍墓所から離れた谷中の墓地にある。徳川歴代将軍の墓で神式なのは、初代の家康と最後の慶喜の二人だけだ。

頂上部に小石を並べてモルタルで半球形に固めた円墳は、手足をひっこめた亀の甲羅のようにも見える。不思議な形だ。

慶喜の墓の向かって右側に、同形式同寸法でつくられた正室・美賀の墓がある。

現代ではちょっと考えられないのだが、二人の側室・新村信と中根幸も、正室が眠るこの墓所に葬られた。慶喜の墓のすぐうしろに、寄り添うように墓標が一基ずつ建っている。

近くには、慶喜の孫にあたる高松宮妃喜久子さまが、この墓をつくることに尽力されたことを記した小さな石碑もある。当時は慶喜の墓をつくることに反対するひとたちもいたので、皇室の力を借りたのかもしれない。

若くして日本の政治を担い、さあこれからというときに政権掌握の夢を断たれた慶喜だったが、権力への未練はなかっただろう。

慶喜は、気持ちの切り替えが早いひとだった。写真に凝り、官軍を指揮した大村益次郎の銅像を靖国神社に出向いて撮影した話は有名だ。敵の銅像をわざわざ撮影しにいくなんて、気持ちの切り替えが早くなければできっこない。

慶喜の血を受け継いでカメラマンになったひ孫の慶朝《よしとも》さんは、

「銅像を撮るには最高のアングルで、あくまでも純粋に被写体と向き合っている」

と、この写真を評価している。

大政奉還のときも、鳥羽伏見の戦いでも、慶喜は大局を読んで素早く行動した。自分自身を、被写体のように冷静に見ていたのだろう。

その結果、内戦を回避し、徳川家を守り、自分の身をもセーブした。

徳川慶喜というひとは、かなり進歩的な感覚の持ち主だったと思うのである。

総理大臣を辞退した「十六代さん」

田安家から徳川宗家を継いだ家達は、明治二年の版籍奉還によって静岡藩知事となったが、二年後の廃藩置県で知事を免じられて東京に戻り、その後は東京千駄ヶ谷に屋敷をかまえて天璋院と暮らした。

元知事といっても、このとき家達はまだ九歳。天璋院は、徳川宗家を背負って立つ家達の親代わり、教育係として新たな使命を見出した。

JR千駄ヶ谷駅の改札を出て見渡せる一帯は、当時はほとんど徳川宗家の土地だった。家達が天璋院と暮らした屋敷は、いまの東京体育館と道を隔てて反対側にあったが、関東大震災で焼けたため、体育館側に場所を移して建て直された。

近くには、のちにわたしの祖父母が住んだ家もあり、子供のころに何度も遊びに行った。この建物の裏手は畑で、あたりに川がないため、ウイングポンプで井戸水を上部タンクに上げて畑に水をやっていた。わたしも、何回もこのポンプを動かした思い出がある。

家達が暮らした屋敷跡には「徳川家達公屋敷跡」と書かれた木製の碑が建っていたが、戦後行ってみると焼け野原で、木製の碑も燃えてなくなっていた。

家達は十五歳のときイギリスに留学し、五年後に帰国すると近衛家のお嬢さんと結婚した。それを見とどけた天璋院は、明治十六年十一月二十日、四十八歳で世を去った。いまは夫の家定とともに、寛永寺の墓所に眠っている。

帰国後の家達は公爵に叙されて貴族院議員となり、その後、三十年間にわたって議長の重職をつとめた。

その間の大正元年から三年にかけて、政界ではめまぐるしく政権交代が繰り返された。内閣総理大臣は、公卿の西園寺《さいおんじ》公望《きんもち》から、長州出身の陸軍の長老・桂太郎へ、さらに薩摩出身の海軍大将・山本権兵衛へと変わった。

まるで幕末の権力闘争を再現したようではないか。

そして大正三年、シーメンス事件で山本内閣が総辞職すると、徳川家に一大事がおこる。元老会議で、次の総理大臣として家達に白羽の矢が立ったのだ。

大正天皇もこれを了承し、家達に組閣の大命が下された。

じつは、それ以前にも家達は東京市長の要請を受けたことがある。そのときは勝海舟が、

「時代が変わるのを待つべきで、うけるべきではありません」

と進言し、家達も辞退した。

だが、今回の話は内閣総理大臣である。家達は同族会議を開いた。

会議には、家達の実弟の田安家当主・徳川達孝《さとたか》（わたしの祖父）と紀州徳川家十五代当主・頼倫《よりみち》（わたしの大叔父）、慶喜の四男で男爵の徳川厚（兄たちは夭折していたので事実上の長男）らが集まった。

そこでどんなことが話し合われたのか、わたしは聞かされていない。

結局、家達は辞退することを決めた。

そのため、総理大臣の椅子には二度目の大隈重信が座ることになった。

家達が組閣の大命をうけていれば、

「大政奉還以来、半世紀ぶりの徳川家の政権奪回」

ということになったわけだが、その先どうなっていたかはわからない。

当時はまだまだ、徳川への風当たりが強かった。最近、わたしは昭和二年発行のある古本を読んでいて、「戊辰の賊軍徳川が……」という一節に出くわし、苦笑してしまった。

昭和になっても、まだ徳川は賊軍でもおかしくなかった。ましてや、組閣の話がもちあがったのは、長州閥や陸軍が幅を利かせはじめた大正初期である。

やはり、辞退は賢明な選択だったといえるだろう。

その後の家達は、第一次世界大戦後に海軍軍縮や極東問題を協議したワシントン会議の日本全権委員をつとめ、日本赤十字社社長や華族会館館長などを歴任した。

晩年の家達に、わたしは何度もお目にかかっている。

千駄ヶ谷の屋敷に、毎年、家族そろって年始の御挨拶にうかがっていた。西洋館の応接間に出てこられたのを覚えている。

小柄で、やさしそうなおじいさんだった。

わたしの祖父の達孝は家達の弟だ。幼いわたしの眼には二人ともたいへんな老人に映ったが、兄である家達のほうがずっと若々しく見られていたらしい。

数年前に家達のお嬢さんが、祖父のことを書いたわたしの本を読んで、

「いままでずっと父のほうが弟だと思っていました。まさか達孝さんが弟とは知りませんでした」

と言うので、びっくりしてしまった。

昭和十五年、家達は七十八歳で世を去った。

生前の家達には、幕府に終止符を打った慶喜に対する複雑な思いもあったようだ。

一族の集まりで、慶喜が床柱を背に座っていたら、あとからやってきた家達が、

「おや。わたしの座るところがない」

と言った——という話も残っているそうだ。

本当の話とも思えないが、ご宗家の当主という立場が、そう言わせたのかもしれない。

幕府崩壊後の徳川家を幼い肩に背負った家達が、宗家の主としての矜持を最期まで貫くことができたのは、みずからの努力もさることながら、周囲の支えが大きかった。

勝海舟のようなスーパースターの助力だけでなく、最も苦しかった駿府時代に家達に仕え、徳川家を守り立ててくれた多くの家臣と、その家族たちのおかげだった。

その温情に、徳川一門として深く感謝している。

徳川家と苦楽をともにし、常に支えようとしてくれたひとびとの熱い気持ちがあったからこそ、徳川幕府は二百六十年以上も続いたのである。

あとがき

明治のひとは、黒船来航がきっかけで幕府政治が終わったことを素直に喜んでいたのだと思う。

富国強兵をめざす明治新政府は、産業技術や社会制度、学問、思想にいたるまで西洋文明を取り入れて近代化を推し進め、ひとびとは、急速に西洋化する生活様式にとまどいながらも「文明開化」を謳歌した。

日本ではじめてオペラが上演されたのは明治二十七年だったという。

上野の東京音楽学校（いまの東京芸術大学）の奏楽堂で、オーストリア大使館職員がグノーの『ファウスト』第一幕を上演したそうだ。

明治末期には日比谷に帝国劇場が完成し、日本人によるオペラが上演されるようになったが、当時はまだ、オペラを見慣れていない観客がほとんどであった。

大正期になると、浅草オペラが一世を風靡し、数々の名曲が一般に知れわたった。なかでも、モーツァルトの歌劇『フィガロの結婚』で最も有名なフィガロのうたうアリア「もう飛ぶまいぞ、この蝶々」は、歌詞を変えた吹き替えもできて大ヒットした。

わたしが子供のころ、母がときどきうたってくれた。

「ときは嘉永六ねーえん、浦賀の沖に黒船、高くあがる汽笛は……」

底抜けに明るいこの節まわしが、この日本語の歌詞で、昭和になっても口ずさまれていたのだ。

幕末維新といっても、当時のひとたちにとっては「ついこのあいだのこと」であった。

時代が国民のものになった喜びが、この歌詞に込められているような気がするのである。

【表記について】

本書に登場する人名は、当時の姓名ではなく、現在一般的に知られている通称を用いました。また、年齢は当時の慣例にしたがい数え年としました。

【主な参考文献】

『続徳川実紀』（吉川弘文館）
『徳川制度史料』小野清著・発行
『昔夢会筆記』徳川慶喜著／渋沢栄一編／大久保利謙校訂（平凡社）
『近代への曙と公家大名』霞会館資料展示委員会編（霞会館）
『最後の将軍徳川慶喜』松戸市戸定歴史館編集・発行
『遠い崖――アーネスト・サトウ日記抄4慶喜登場』萩原延壽（朝日新聞社）
『幕末維新の個性1　徳川慶喜』家近良樹（吉川弘文館）
『氷川清話』勝海舟／江藤淳・松浦玲編（講談社）
『海舟語録』勝海舟／江藤淳・松浦玲編（講談社）
『坂本龍馬』松浦玲（岩波書店）
『松平春嶽をめぐる人々』福井市立郷土歴史博物館編・発行
『福井藩と江戸』福井市立郷土歴史博物館編・発行

【主な参考文献】

『島津斉彬の挑戦』田村省三・松尾千歳・寺尾美保・前村智子（尚古集成館）
『西郷南洲』木村毅（筑土書房）
『幕末百話』篠田鉱造（岩波書店）
『会津と長州、幕末維新の光と闇』星亮一・一坂太郎（講談社）
『長崎日記・下田日記』川路聖謨著　藤井貞文・川田貞夫校注（平凡社）
『ゴンチャローフ日本渡航記』I・A・ゴンチャローフ著　高野明・島田陽訳（雄松堂出版）
『兵庫県の歴史』今井修平他（山川出版社）
『歴代天皇のカルテ』篠田達明（新潮社）
『近世庶民生活史料　藤岡屋日記　第十五巻』鈴木棠三・小池章太郎編（三一書房）
『三百藩戊辰戦争事典』（新人物往来社）
『復刻版NHK歴史への招待11』（日本放送出版協会）
『復刻版NHK歴史への招待19』（日本放送出版協会）
『歴史の中の日本』司馬遼太郎（中央公論新社）
『三田評論　二〇〇四年二月号』（慶應義塾大学出版会）
『三田評論　二〇〇九年一〇月号』（慶應義塾大学出版会）
『歴史読本　二〇〇九年六月号』（新人物往来社）

◆宗家・御三家・御三卿・慶喜家・越前松平家

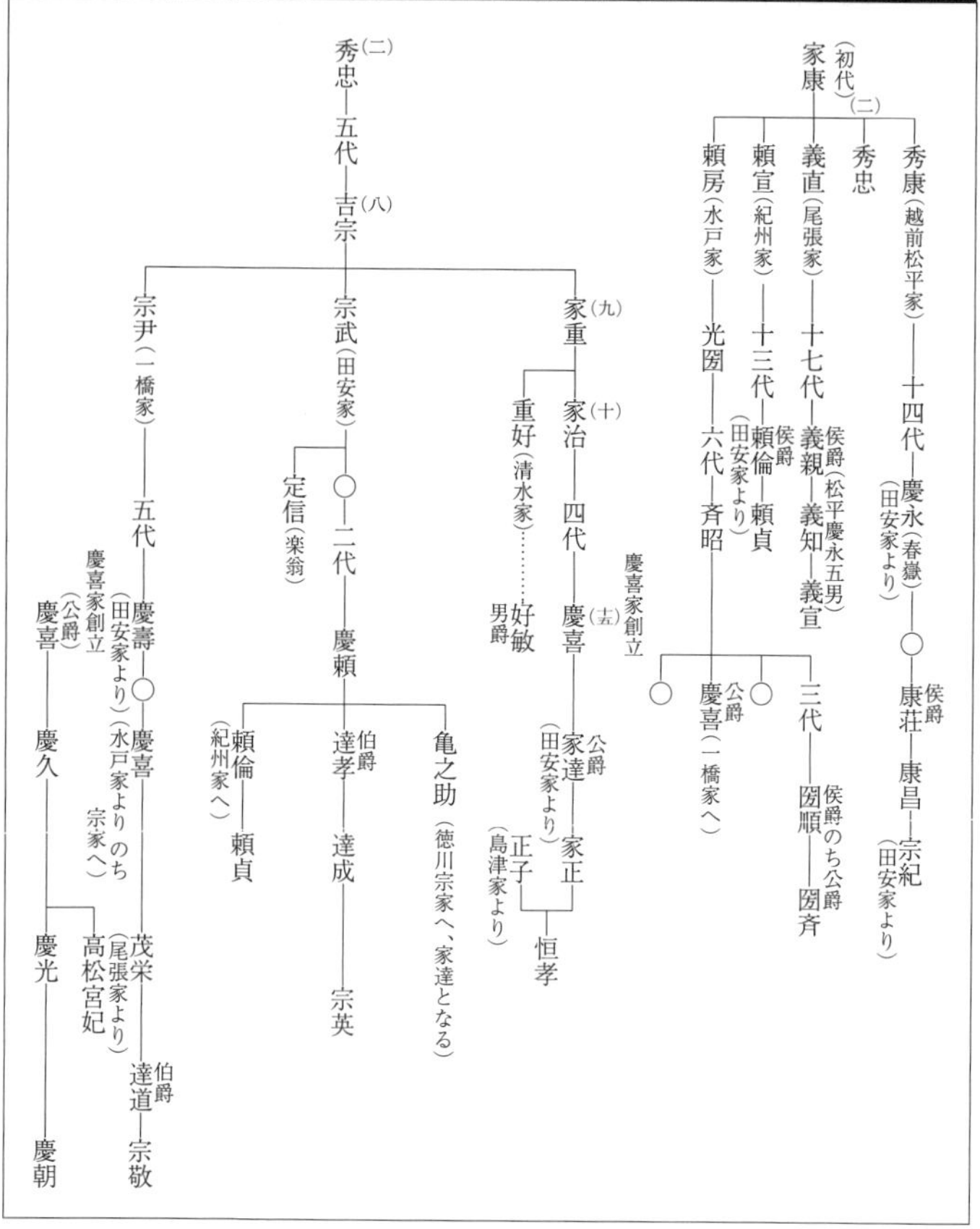

徳川宗英（とくがわ　むねふさ）

田安徳川家十一代当主。1929年、ロンドンに生まれる。学習院、江田島海軍兵学校を経て慶應義塾大学工学部卒業。石川島重工業に入社。石川島播磨重工業理事、関西支社長を歴任後、90年石川島タンク建設副社長に就任。95年に退職ののち、静岡日伊協会名誉顧問に就任。全国東照宮連合会顧問、社団法人尚友倶楽部監事。著書に『徳川家に伝わる徳川四百年の内緒話』『徳川家に伝わる徳川四百年の内緒話　ライバル敵将篇』（以上、文春文庫）ほか多数ある。

文春新書

741

徳川《とくがわ》家《け》が見《み》た幕末《ばくまつ》維新《いしん》

2010年(平成22年)2月20日　第1刷発行

著　者　　徳　川　宗　英
発行者　　木　俣　正　剛
発行所　株式会社　文　藝　春　秋

〒102-8008　東京都千代田区紀尾井町3-23
電話（03）3265-1211（代表）

印刷所　　理　想　社
付物印刷　大　日　本　印　刷
製本所　　大　口　製　本

定価はカバーに表示してあります。
万一、落丁・乱丁の場合は小社製作部宛お送り下さい。
送料小社負担でお取替え致します。

ISBN978-4-16-660741-9

◆日本の歴史

日本神話の英雄たち　林　道義
日本神話の女神たち　林　道義
ユングでわかる日本神話　林　道義
古墳とヤマト政権　白石太一郎
一万年の天皇　上田　篤
謎の大王　継体天皇　水谷千秋
謎の豪族　蘇我氏　水谷千秋
女帝と譲位の古代史　水谷千秋
孝明天皇と「一会桑」　家近良樹
四代の天皇と女性たち　小田部雄次
対論　昭和天皇　原　武史　保阪正康
平成の天皇と皇室　高橋　紘
皇位継承　高橋　紘　所　功
美智子皇后と雅子妃　福田和也
ミッチー・ブーム　石田あゆう
＊
旧石器遺跡捏造　河合信和
消された政治家　菅原道真　平田耿二
江戸の都市計画　童門冬二
江戸のお白州　山本博文
徳川将軍家の結婚　山本博文
江戸城・大奥の秘密　安藤優一郎
幕末下級武士のリストラ戦記　安藤優一郎
旗本夫人が見た江戸のたそがれ　深沢秋男
伊勢詣と江戸の旅　金森敦子
甦る海上の道・日本と琉球　谷川健一
合戦の日本地図　武光　誠　合戦研究会
大名の日本地図　中嶋繁雄
名城の日本地図　西ヶ谷恭弘　日竎貞夫
県民性の日本地図　武光　誠
宗教の日本地図　武光　誠
黄門さまと犬公方　山室恭子
倭　館　田代和生
高杉晋作　一坂太郎
白虎隊　中村彰彦
新選組紀行　中村彰彦　神長文夫
＊
岩倉使節団という冒険　泉　三郎
福沢諭吉の真実　平山　洋
元老　西園寺公望　伊藤之雄
渋沢家三代　佐野眞一
明治のサムライ　太田尚樹
日露戦争　勝利のあとの誤算　黒岩比佐子
鎮魂　吉田満とその時代　粕谷一希
大正デモグラフィ　速水　融　小嶋美代子
旧制高校物語　秦　郁彦
日本を滅ぼした国防方針　黒野　耐
ハル・ノートを書いた男　須藤眞志
日本のいちばん長い夏　半藤一利編
昭和陸海軍の失敗　半藤一利・秦　郁彦・平間洋一・保阪正康　黒野　耐・戸髙一成・戸部良一・福田和也
昭和史の論点　坂本多加雄・秦　郁彦　半藤一利・保阪正康
昭和史の怪物たち　畠山　武

昭和の名将と愚将　半藤一利・保阪正康
昭和史入門　保阪正康
対談　昭和史発掘　松本清張
昭和十二年の「週刊文春」　菊池信平編
昭和二十年の「文藝春秋」　文春新書編集部編
「昭和80年」戦後の読み方　中曽根康弘・西部邁・松井孝典・松本健一
二十世紀　日本の戦争　阿川弘之・猪瀬直樹・中西輝政・秦 郁彦・福田和也
零戦と戦艦大和　半藤一利・秦 郁彦・前間孝則・鎌田伸一・戸髙一成・江畑謙介・兵頭二十八・福田和也・清水政彦
十七歳の硫黄島　秋草鶴次
特攻とは何か　森　史朗
銀時計の特攻　江森敬治
日本兵捕虜は何をしゃべったか　山本武利
幻の終戦工作　竹内修司
東京裁判を正しく読む　牛村 圭・日暮吉延
誰も「戦後」を覚えていない　鴨下信一
誰も「戦後」を覚えていない［昭和20年代後半篇］　鴨下信一
あの戦争になぜ負けたのか　半藤一利・保阪正康・中西輝政・戸髙一成・福田和也・加藤陽子
戦後10年　東京の下町　京須偕充

米軍再編と在日米軍　森本　敏
同時代も歴史である　一九七九年問題　坪内祐三
プレイバック1980年代　村田晃嗣
シェーの時代　泉　麻人

*

歴史人口学で見た日本　速水　融
コメを選んだ日本の歴史　原田信男
閨閥の日本史　中嶋繁雄
名前の日本史　紀田順一郎
骨肉　父と息子の日本史　森下賢一
名歌で読む日本の歴史　松崎哲久
名字と日本人　武光　誠
日本の童貞　渋谷知美
日本の偽書　藤原　明
明治・大正・昭和　30の「真実」　三代史研究会
明治・大正・昭和史　話のたね100　三代史研究会
真説の日本史　365日事典　楠木誠一郎
日本文明77の鍵　梅棹忠夫編著

「悪所」の民俗誌　沖浦和光
旅芸人のいた風景　沖浦和光
貧民の帝都　塩見鮮一郎
史実を歩く　吉村　昭
手紙のなかの日本人　半藤一利
平成人（フラット・アダルト）　酒井　信

(2009. 4) A

◆アジアの国と歴史

権力とは何か 中国七大兵書を読む　安能 務
中国人の歴史観　劉 傑
中国の隠者　井波律子
乾隆帝　中野美代子
蔣介石　保阪正康
中国の軍事力　平松茂雄
もし、日本が中国に勝っていたら　趙 無眠 富坂聰訳
「南京事件」の探究　北村 稔
旅順と南京　一ノ瀬俊也
百人斬り裁判から南京へ　稲田朋美
若き世代に語る日中戦争　伊藤桂一 野田明美
中国はなぜ「反日」になったか　清水美和
新しい中国 古い大国　佐藤一郎
中国共産党 葬られた歴史　譚 璐美
新華僑 老華僑　譚 璐美 劉 傑
中華料理四千年　譚 璐美

中国艶本大全　土屋英明
中国雑話 中国的思想　酒見賢一
中国を追われたウイグル人　水谷尚子
上海狂想曲　高崎隆治
笑う中国人 毒入り中国ジョーク集　相原 茂

＊

韓国人の歴史観　黒田勝弘
〝日本離れ〟できない韓国　黒田勝弘
韓国併合への道　呉 善花
竹島は日韓どちらのものか　下條正男
在日韓国人の終焉　鄭 大均
在日・強制連行の神話　鄭 大均
韓国・北朝鮮の嘘を見破る 近現代史の争点30　鄭 大均 古田博司編著
歴史の嘘を見破る 日中近現代史の争点35　中嶋嶺雄編著
物語 韓国人　田中 明
「冬ソナ」にハマった私たち　林 香里
テポドンを抱いた金正日　鈴木琢磨
拉致と核と餓死の国 北朝鮮　萩原 遼

中国が予測する〝北朝鮮崩壊の日〟　綾野 富坂聰編
北朝鮮・驚愕の教科書　宮塚利雄 宮塚寿美子
東アジア「反日」トライアングル　古田博司
新脱亜論　渡辺利夫